国宝流散

手机扫一扫，看视频、听音频

视频

莫高窟

飞越敦煌

一事一生，一人一窟
赵声良

一事一生，一人一窟
苏伯民

一事一生，一人一窟
王惠民

一事一生，一人一窟
赵晓星

音频

《国宝流散》
全书朗读

2021年主题出版重点出版物

写给青少年的

敦煌故事

敦煌研究院 编　赵声良 主编

国宝流散

王睿颖 著

读者出版传媒股份有限公司
甘 肃 教 育 出 版 社

图书在版编目（CIP）数据

写给青少年的敦煌故事. 国宝流散 / 敦煌研究院编 ; 赵声良主编 ; 王睿颖著. -- 兰州 : 甘肃教育出版社, 2021.12
ISBN 978-7-5423-5331-3

Ⅰ. ①写… Ⅱ. ①敦… ②赵… ③王… Ⅲ. ①敦煌学-青少年读物 Ⅳ. ①K870.6-49

中国版本图书馆CIP数据核字（2021）第277042号

写给青少年的敦煌故事 国宝流散
敦煌研究院 编　赵声良 主编　王睿颖 著

策　　划　王光辉　薛英昭　孙宝岩
项目负责　伏文东　王露莹　何佩佩
责任编辑　王露莹
装帧设计　石　璞　雷们起　张小乐
视频支持　敦煌研究院　敦煌市融媒体中心
图片支持　敦煌研究院
音频支持　甘肃飞天电子音像出版社

出　版　甘肃教育出版社
社　址　兰州市读者大道 568 号　730030
网　址　www.gseph.cn　E-mail　gseph@duzhe.cn
电　话　0931-8436489（编辑部）　0931-8773056（发行部）
传　真　0931-8435009
淘宝官方旗舰店　http://shop111038270.taobao.com

发　行　甘肃教育出版社　印　刷　山东新华印务有限公司
开　本　787 毫米 ×1092 毫米　1/16　印　张　10.5　字　数　98.3 千
版　次　2021 年 12 月第 1 版
印　次　2021 年 12 月第 1 次印刷
书　号　ISBN 978-7-5423-5331-3　定　价　58.00 元

总序

敦煌石窟包括莫高窟、榆林窟、西千佛洞等，共800多个洞窟，其中有5万多平方米的壁画和2000多身彩塑。1900年在莫高窟的藏经洞出土了6万多件古代珍贵文献和艺术品。这些无限丰富的文物，构成了敦煌文化的主体。

那么敦煌文化到底有什么价值和意义呢？习近平总书记在敦煌研究院座谈时指出，敦煌文化是各种文明长期交流融汇的结晶。敦煌文化展示了中华民族的文化自信。

敦煌作为中国古代通向西域的重要门户，中华文明同来自古印度、古希腊、古波斯等不同国家和地区的思想、宗教、艺术、文化在这里汇聚交融。敦煌文化就是中外文化交流的结晶，它见证了中华民族和丝绸之路沿线的各国各民族共同推动人类文明向前发展的历史。敦煌文化还体现了中国文化的包容性，包括对宗教的包容、民族文化的包容、审美价值取向的包容。这种包容性使敦煌文化具有世界性。

100多年前，敦煌藏经洞文物流失海外，引起了各国学者对这些文献的研究，形成了世界性的学科——敦煌学。经过100多年的发展，今天，世界上已有20多个国家的学者在进行敦煌学和相关领域的研究，敦煌学成为中外学者相互交流的重要内容。我国的敦煌学研究曾经历了曲折的阶段，从最初“敦煌在中国，研究在国外”的状况发展到了今天学术研究走在世界前列。特别是改革开放以来，中国的学者对敦煌文化各个领域都进行了深入研究，推出了越来越多的研究成果，极大地促进了相关科研、教育及文化建设的发展。今天我们正处在中华文化振兴和繁荣的大时代，挖掘并传播弘扬优秀传统文化，是我们研究者义不容辞的责任。

文化是需要传承的。我们要将敦煌文化广为传播，让全社会都了解敦煌，并从敦煌文化中获得中华优秀传统文化的滋养，从而更好地弘扬传统文化，树立文化自信。青少年是祖国的未来，让我国的青少年从小就学习、了解敦煌文化的真髓，有利于他们正确把握我国优秀传统文化的精神。本套丛书就是希望通过青少年喜闻乐见的方式，以适合青少年年龄特征和阅读习惯的文字，深入浅出地把敦煌文化传递给他们。希望越来越多的青少年朋友们通过这套丛书了解敦煌文化、热爱敦煌文化，并从中获得丰富的知识和灵感，提高自身的文化艺术素养。

赵声良

2021年12月

目录

敦煌的地理和人文环境

在了解敦煌莫高窟之前，我们得先知道它所处的地理位置，因此我们先从它的所在地甘肃说起。

敦煌的自然环境

很多在外的甘肃学子可能都被外地朋友问过以下两个问题，你们甘肃人是不是骑着骆驼上班的？甘肃人是不是一生只洗三次澡？答案当然是否定的，但在这两个问题背后反映了甘肃省一个非常明显的事实，那就是甘肃缺水，干旱、半干旱区占甘肃省总面积的75%，降水量从东南向西北递减，乌鞘岭以西的河西走廊区域降水明显减少。相对应的，甘肃省的自然条件比较差，土地沙化、荒漠化比较严重，沙化面积占到了省域面积的28.6%，荒漠化面积占到了45%。乘坐飞机或火车经过河西走廊的朋友们都知道，从飞机或火车上向外看去，满眼都是荒山秃岭，有的地方沟壑纵横，基本看不到绿色。这时候人们才能真真切切地感受到黄土高原的含义，感受到诗歌中所描述的“大

兰州大学文创月饼“骆驼驾驶证”

漠孤烟直”的景象，这样的自然环境孕育了这一方人热情、直爽、嗓门大的特点。利用哲学的观点来说，一个事物的存在没有绝对的好与不好。但也正是因为干旱，很多在气候湿润的地方难以保存的画像砖、竹简、古代壁画等遗迹、遗存在这里都保存了下来，使我们今天仍然能看到魏晋汉墓、汉简、敦煌壁画等。

具体到敦煌，它的干旱情况就更加明显了。学者李正宇老师有对敦煌水文观测资料的统计，敦煌年平均降水量不到 40 毫米，但年平均蒸发量却高达 2486 毫米，尤其到蒸发量最高的五六月份，日蒸发量高达 360 毫米，相当于年平均降水量的 9 倍，意味着 9 年的总降水量，在五六月份一天就蒸发完了。在敦煌这种极干旱地区，戈壁荒漠化就更为严重了，戈壁和沙漠约占敦煌总面积的 80%，山地占敦煌总面积的 17%，约 3% 的面积才为绿洲。绿洲有水源以供应人类生产和生活的需要。因此，生活和行走在戈壁滩的人们都是逐水草而栖。相传有这样一个“老马识水”的故事，玄奘西行的时候，在路上买了一匹好马，健壮有力，正好被一位老人家看见了，老人家对玄奘说：“你的这匹马看起来年轻强壮，是一匹好马。但是这种马呀，它只能走平路。你想要一直往西走啊，肯定不能给你帮忙。它不识路、不识水，不如我的这匹老马呢！”玄奘一听觉得很有道理，就跟老者交换了马匹。果然，玄奘走到安西一带的时候，迷失了方向，又饿又渴，在马上昏了过去。幸亏这匹老马驮着玄奘，找到了河边，拯救了他的性命。1000 多年以后，1943 年，敦煌学的开拓者常书鸿先生第一次到敦煌去，到达安西之后，没有公路可通往敦煌，他们一行人只得乘骆驼前往。第一天走到了瓜州，到一处民房借宿，可是主人的水少得可怜，常书鸿一行人只好将就了一夜。第二天，在甜水井打尖，谁知打上来的水，喝到嘴里又苦又涩。当地人解释说，从安西到敦煌 120 公里的戈壁滩上，只有这一口井，人和牲畜都要靠这一口井活命，即使是又苦又涩的水，在行路人眼里也都变成生命的甘泉“甜水”了。第三天，他们一行人走到了疙瘩井，从名字就能看出来，没有井水，只有到处大大小小的石头疙瘩，常书鸿只好苦中作乐，想象着即将看到的敦煌莫高窟，度过了漫长的一夜。玄奘和常书鸿都把这一路九死一生、饥渴难耐的经历写进了他们的书里，他们通过自己的亲身经历，让我们感受到了水这个生命之源的重要性。

善于动脑筋的同学肯定会问，水如此的短缺，在敦煌一天就会把 9 年的降水量全给蒸发掉。那么，敦煌地区使用的水到底是从哪儿来的呢？说到水源，就一定要说一说河西走廊的祁连山。大家都知道，河西走廊位于黄河以西，是一个两山相夹的狭长平地，北侧是龙首山—合黎山—马鬃山山脉，南侧是祁连山山脉。祁连山平均海拔在 4000 米以上，最高峰疏勒南山团结峰海拔达到了 5808 米，与青藏高原山峰高度相差不大。在祁连山 4500 米以上的高山上，有着丰富的永久积雪和史前冰川，这些积雪和冰川在每年夏季消融，形成冰川径流，再加上山区的大气降水，两者相汇源源不断地流下山去，在山前地带表现为地表水，同时大量渗入地下，形成地下水，到达冲积平原后，又会以泉水的形式溢出，汇集成泉流，汇入河道，再度转化为地表水，为河西走廊上的绿洲提供了活水源头。祁连山山脉，从东向西一共分为三大支流，石羊河水系滋养着武威地区，黑水河水系滋养着张掖、嘉峪关地区，位于祁连山西端的疏勒河水系冲击形成了今天的敦煌平原，两大支流疏勒河和党河滋养了敦煌人民。如今，河西走廊仍然依靠祁连山的冰川融水，保障着当地的生产和生活。这样就不难理解祁连山国家级自然保护区的意义了，它是维系着这一带的生命之脉。

　　这下同学们就会明白，在河西走廊上城市分布如此之远，不是人

河西走廊示意图

为选择的原因，而是自然环境造就的。同样的道理，大家肯定都听说过阳关、玉门关吧，在地图上我们会发现阳关、玉门关离敦煌都不是特别远，一南一北，在广袤的戈壁滩上，两关没有天险要塞可守，选址在那里的主要原因是靠近水源。所以，在戈壁滩上一点儿都不遵循两点之间直线最短的规律，人们出门行走首先要考虑的不是距离、路途，而是补给。水源的补给站，是行走在路上的首要考虑因素。我们可以大胆地想象一下，驻守着阳关、玉门关的官员，凭水为隘，据川当险，只要守住水源就能够卡住入侵者的喉咙，这也是敦煌被称为通往西域的“咽喉之地”的原因之一，这下我们也就特别能够体会以逸待劳这个成语的意思了吧。在人生路上也是一样，一个智慧的、正确的选择，会达到事半而功倍的效果。

敦煌的人文环境

虽然敦煌地区气候干燥，但是生于斯长于斯的人们在这里安居乐业，世世代代在这里幸福地生活着。据专家研究，早在远古时期，敦煌已经有人类定居生活。考古学者在玉门市火烧沟、瓜州县布隆基和敦煌市南湖乡发现了一个类型的古文化遗址，命名为火烧沟类型文化，出土了石刀、石斧、石锄等工具和红陶、黑陶等器皿，在遗址里发现了羊、马、牛、猪的骨骼，还发现了玛瑙珠、海贝、蚌饰等外来物品，说明生活在这里的先民农业发展到了一定的水平，善于经营畜牧业，而且与外界有了交换。学者们判断火烧沟人是我们今天所知最早的敦煌地区居民。他们应该就是我国古籍中记载的生活在西部的“羌”人。《说文解字》中说羌是西戎牧羊人，这与出土了大量的羊骨也是契合的。

到了秦汉时期，这里居住过乌孙、月支、匈奴等兄弟民族。其中匈奴在楚汉战争之际扩张势力，相继征服周围的部落，灭东胡、破月氏，控制了中国北部和西部广大地区，拥有了强大的军事实力，建立起统一的奴隶主政权，严重威胁着西汉王朝的安全。

汉武帝即位不久，从来降的匈奴人口中得知，在敦煌、祁连一带曾住着一个游牧民族大月氏，中国古书上称“禺氏”。秦汉之际，大月氏的势力逐渐强大起来，攻占邻国乌孙的土地，同匈奴发生冲突。汉初，大月氏多次被匈奴冒顿单于所败，国势日衰。至老上单于时，匈奴彻底征服了大月氏。老上单于杀掉月氏国王，还把他的头颅割下来拿去做成酒器。月氏人经过这次国难以后，被迫西迁。在现今新疆西北伊犁一带，重新建立了家园。但他们不忘故土，时刻准备对匈奴复仇，并很想有人相助，共击匈奴。汉武帝根据这一情况，遂决定联合大月氏，共同夹击匈奴。于是下令选拔人才，出使西域。

武帝建元二年（前 139 年），张骞应募任使者，带领 100 多人从陇西（今临洮）出发，由一个归顺的胡人堂邑父担任向导和翻译，西行进入河西走廊。谁知，正当他们走在河西走廊时，不幸碰上了匈奴的骑兵队，出使队伍悉数被抓，被送到单于的帐篷。

莫高窟第 323 窟北壁的张骞出使西域图

敦煌晋墓画像砖　李广

单于得知张骞一行要出使大月氏后，对张骞说：“汉朝在我匈奴的南边，大月氏在我匈奴的北边，现在你们想要越过我匈奴的地盘去联系大月氏攻击匈奴，你认为我会不会同意？”于是，张骞一行人被单于扣留和软禁了起来。为了消磨他们的意志，单于还强令他们娶了匈奴女子为妻。被软禁的日子张骞度日如年，但是，他们一行人始终没有忘记汉武帝交给他们的使命，没有动摇为汉朝出使的决心。平日里积极查探通往西域的道路，学习匈奴的语言，大约过了十年，公元前 129 年的一天，张骞等人趁匈奴人看守不备，果断地离开了匈奴王庭，继续踏上了出使的道路。

谁知，在过去的十年里，西域局势又发生了巨大的变化，月氏的敌国乌孙，在匈奴的支持和唆使下，西攻月氏。月氏人被迫又从伊犁河流域继续西迁，进入咸海附近的妫水地区，征服大夏，在新的土地上另建家园。张骞一行人冒着酷暑继续前进，在大宛人和康居人的帮助下，终于找到大月氏。但是此时的大月氏，已无心无力再对抗匈奴，张骞在大月氏逗留了一年有余，见无法说服大月氏，于是启程返回。在返回的路上，张骞一行人特意绕路希望能够绕过匈奴，谁知他们又被匈奴人抓住扣留下来，被俘虏了一年多后，匈奴内乱，他们才借机逃离，于公元前126年返回汉朝，向汉武帝详细报告了西域情况。汉武帝被张骞等人西行的故事所感动，对众人说，太中大夫带领100多人出使西域，沿路数次遭遇风暴、严寒、酷暑，途中死伤殆尽，十数年被异族扣留，以血肉之躯为大汉带回西域的情况，真乃大汉的功臣！随后，张骞随卫青出征，由于他知晓河西情况，带兵寻找水源及规划路线，立下功勋，被武帝封为“博望侯”。

元狩四年（前119年），张骞第二次奉派出使西域。张骞率领300人组成的使团，每人备两匹马，带牛羊万头，金帛货物价值“数千巨万”，使团先拜访了乌孙，之后，他又分遣副持节到了大宛、康居、月氏、大夏等国。元鼎二年（前115年）使团返回，乌孙派使者几十人随同张骞一起到了长安，朝拜汉廷。此后，汉朝派出的使者还到过安息（波斯）、身毒（印度）、奄蔡（在咸海与里海间）、条支（安息属国）、犁轩（附属古罗马帝国的埃及亚历山大城），中国使者还受到安息专门组织的两万人的盛大欢迎。安息等国的使者也不断来长安访问和贸易。从此，汉与西域的交通建立起来。

这条由张骞开通的道路，获得了大量西域的资料，加强了中西方的交流与融合，史学家司马迁称张骞此行为“凿空”。德国地质学家、地理学家李希霍芬在《中国》一书中，把以长安（今西安）为起点，经

汉代丝绸之路路线图

甘肃、新疆，到中亚、西亚，并连接地中海各国的陆上通道，命名为“丝绸之路”。

这条道路最初的作用是商业运输。前往西域的商队从中国主要运出铁器、金器、银器、镜子和其他豪华制品，如丝绸、瓷器等。丝绸之路为古代中国带来了葡萄、核桃、胡萝卜、胡椒、菠菜（又称为波斯菜）、黄瓜（汉时称胡瓜）、石榴等作物，稀有动物和植物、皮货、药材、香料、珠宝首饰为古代中国提供了更为多样化的生活。西域特产的葡萄酒经过历史的发展融入中国的传统酒文化当中。我们耳熟能详的那首诗，“葡萄美酒夜光杯，欲饮琵琶马上催”，就反映了丝绸之路开通之后物资繁盛的情况。

除了物资的交流之外，丝绸之路还带来了文化的交流和融合，大大地丰富了当地人乃至中国内陆人民的精神文化生活。比如我们有所耳闻的胡旋舞、胡琴等乐舞、乐器都是顺着丝绸之路传入我国的；丝绸之路还增强了语言的交流和融合，比如“敦煌”这个名称，虽然东汉的应邵在《汉书》中解释为“敦，大也。煌，盛也”，但经过学者们的研究发现，这个名称由来已久，应该是来源于少数民族语言；最后，丝绸之路还促进了佛教、道教、祆教、景教、摩尼教等宗教的传播，道教的伏羲女娲图像顺着河西走廊传到现在吐鲁番地区，佛教顺着河西走廊进入中原，在敦煌落地开花，开凿了佛教洞窟。莫高窟是世界上现存规模最大、内容最丰富的佛教艺术地，向人们展现了不同文明之间文化相通、艺术相通的奇妙关联。

樊锦诗先生在《我心归处是敦煌》里面说，为什么在被世人遗忘的沙漠里会产生如此辉煌的石窟艺术，那些金碧辉煌的壁画和彩塑究竟是怎么创作出来的……所有的问题，都说明敦煌的空间意义非同凡响，这里封存着丝绸之路上东西方文化交流的奥秘。

樊锦诗在莫高窟

王圆箓与敦煌藏经洞的发现

同学们，现今如果我们要说起敦煌或者去敦煌莫高窟参观，相信大家的第一印象就是整墙整壁美轮美奂的壁画了，大家熟悉的舍己救人的九色鹿故事、五百强盗出家故事等都出自敦煌壁画，同时大家也可以通过央视的《国家宝藏》栏目以及相关的纪录片对敦煌及莫高窟有所了解。

莫高窟位于今敦煌市东南 25 公里鸣沙山东麓的断崖上，洞窟坐西朝东，正面为三危山，一条名为宕泉（俗称大泉）的河流从窟前流过。传说在 366 年的时候，有一个叫乐僔的和尚行脚至此，正值夕阳西下，当他望向那片山的时候，发现夕阳在山的背后照射着，看上去好像给山穿上了金色的外衣，整座山在夕阳的映照下熠熠生辉。在乐僔的眼里就好像整座山都覆盖着神圣的佛光，他觉得就是佛祖在召唤自己，于是便决定在这里停留下来，借着这佛光建造佛教道场。后面的事情大家很容易就想到了，自从乐僔开凿了第一个佛教洞窟，越来越多的人在周围修建洞窟，经历了接近千年的营建，数以百计的洞窟在这片崖壁上开凿出来，连敦煌人都搞不清究竟哪一个洞窟是乐僔法师营建的了，但这一点儿都不影响勤劳善良的敦煌人在这些洞窟里雕砌佛像、绘制壁画。

敦煌现存壁画 5 万多平方米，但是你知道吗，敦煌壁画虽然数量很多，但被学术界所关注却是比较晚的事情了。起初莫高窟只是作为当地人的一个佛教活动场所而所知所用，人们对洞窟里的壁画并不是特别在意，完全没有保护的意识。所以莫高窟有宗教活动的时候，善男信女们就会住在洞窟里，手摸一下、衣服触碰一下壁画都是再随便不过的了。甚至 1921 年，沙俄士兵借住敦煌莫高窟，他们走后留下了让人痛心的满目疮痍：木质门窗被刀砍斧劈、千佛洞的佛祖被挖掉眼睛、菩萨被划破面容、壁画处留下俄文名字，他们还架起锅灶，熏黑了壁画，烧脆了塑像。那时候的人们还没有意识到这些举动都是在破坏洞窟。

要说对莫高窟的有意识的保护，那就得说到王圆箓，这个名字对中学生来说不算陌生。很多同学知道王圆箓，可能是通过曾经选入语文课本当中的文章《道士塔》而有所了解的。文章作者余秋雨先生写到他看过王圆箓的照片，王圆箓就是一个穿着土布棉衣，目光呆

藏经洞的发现者——王圆箓

莫高窟广场的道士塔

滞，畏畏缩缩，在那个时代到处都可以见到的中国平民。但是为什么就是这样一个中国的平民，会被余秋雨先生在文章当中明确地说历史已有记载，他（指王圆箓）是敦煌石窟的罪人呢？这一切都要从王圆箓跌跌撞撞的人生说起。

王圆箓在自己书写的《催募经款草丹》中说他是湖北麻城人，但是在敦煌当地的官员记录中又赫然写着他是陕西汉中人。经学者的研究认为，王圆箓本是湖北麻城人，因为老家闹饥荒，取道汉阳至汉中，再来到酒泉当兵，大约出于这样的原因，以讹传讹把他的祖籍写乱了。相传，他在军队中历经磨难，但没人知道是一个怎样的劫难，就让王圆箓从此心灰意冷，于是在退伍后，他就在敦煌当地出家成了道士，因此人们也把王圆箓称作王道士。大约是他做道士也算小有宗教成就吧，连他的名字都讹生出了一个更具道家色彩的写法“王圆箓”。这也不是什么新鲜事，毕竟在一百多年前人们的文化水平普遍不高，能把名字叫真切就算不错了，写作哪个字实在没有多少人较真。

王圆箓是怎么住到莫高窟的呢？据他本人的说法是云游至此，见洞窟毁坏立志修缮，于是长住了下来。但是在道光十二年（1832年）

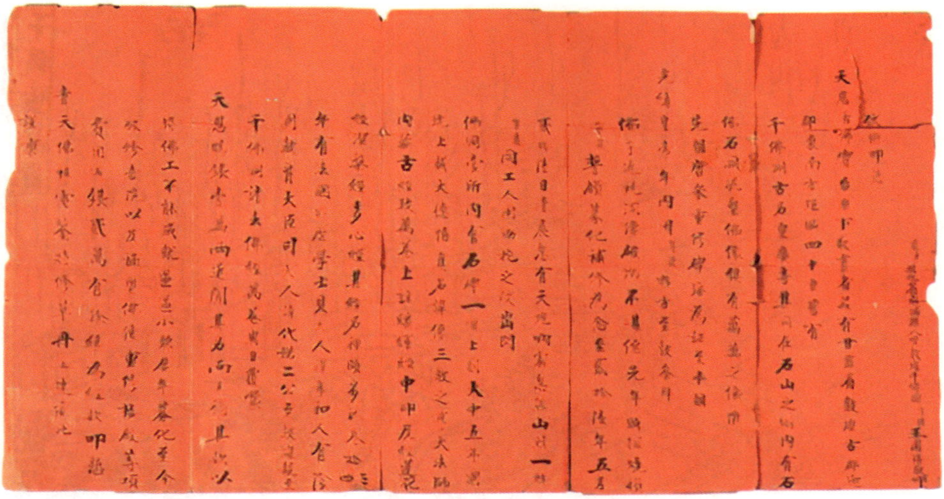

王圆箓《催募经款草丹》

的时候，在当时敦煌县令的主持下修撰完成了一部《敦煌县志》，就是记录敦煌当时的风土人情的书，在这本书当中有这样一幅图，名叫《千佛灵岩》图，画的就是敦煌莫高窟的景观。“千佛”自然是指当时人们对莫高窟佛教造像的总结，“灵”就是人们对莫高窟的崇敬之情，“岩”是指坐落在崖壁的形态。在这幅图当中，我们可以看出，在当时（1832 年），甚至在那之前更久，莫高窟附近就已经有了道院，可想而知里面肯定有人员驻扎。王圆箓大约是半个世纪之后才来到这里的，莫高窟除了两个喇嘛常驻外，再无旁人，因此王圆箓这个道士居住在莫高窟这个佛教圣地就不是一件多么不可思议、不能理解的事情了。他也许原本只是像其他住过这里的人一样，找到了一个栖身之所。

我们之前已经说过了，敦煌是一个风沙很大的地方，莫高窟之前一直是疏于管理，仅仅是重大节庆活动时才会有大批的本地人到来，

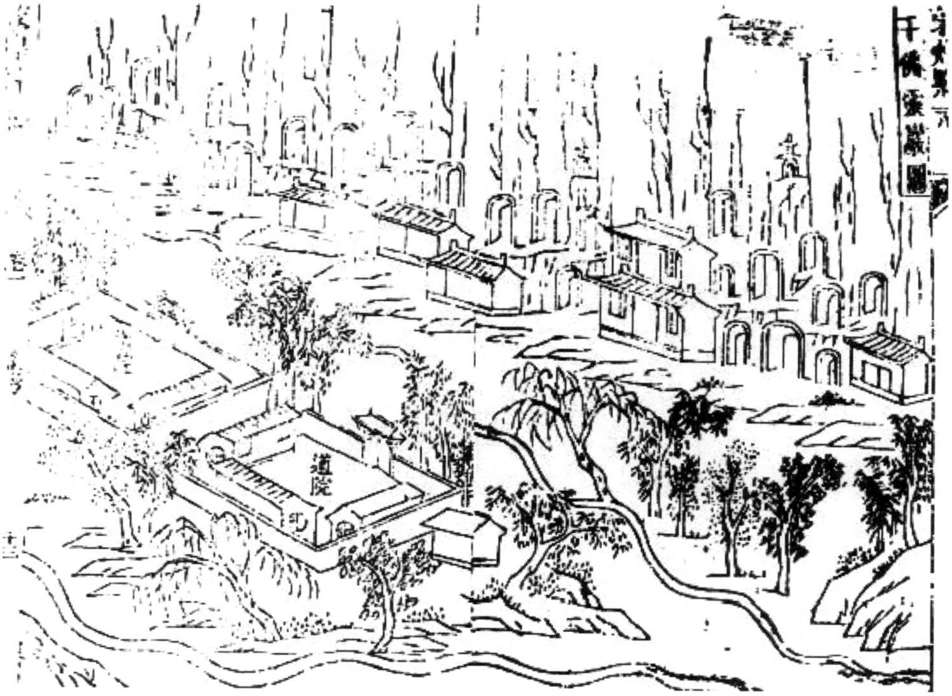

《敦煌县志》卷一中千佛灵岩图

节后各自散去。风沙大量地涌进洞窟当中，就是这位王圆箓，当他决心要在莫高窟长住下来，创建自己的一番事业的时候，他想到了要利用这些现成的洞窟来做他修道的神圣之所。因此，他在莫高窟做的最多的也最耗力气的事情就是清理洞窟中的积沙。据当地人说，王圆箓雇了一位姓杨的师傅，帮他一起清理洞窟中的沙子。大家可以想象这位姓杨的助手，他也和王圆箓一样，是在当时的中国随处可见的一个地地道道的、普普通通的农民，他有着显著的本土特色，又黑又干的脸上排列着几道深深的皱纹，脸上的红晕显出羞涩寡言的性格，他大概也没有过多的文化和智慧，就跟随处可见、不大讲究的男人们一样，随地就着墙角一蹲就吧嗒吧嗒地抽起他的旱烟来，污浊的眼神里透露出对未来的迷茫，空闲的大手百无聊赖地在各处比画着什么。就是这样一个漫不经心的举动，在1900年6月的一天，改变了莫高窟的历史。相传在6月22日（农历五月二十六）这一天，在现今敦煌莫高窟编号第16号窟的甬道里，当这个杨老汉在抽旱烟的时候，随手拿着在那里到处可见的芨芨草，这里戳一戳，那里戳一戳，一副无所事事的样子。当他这样随处戳的时候，突然被自己吓了一跳，似乎心跳漏了一拍，又好像一下子忘记了呼吸，稍稍慌神的脸庞在片刻之后终于平静下来。为什么呢？因为他戳进去，到底了，拿出来，换个地方继续戳，但是有一个地方居然戳不到底，长长的芨芨草就这样被墙壁吞没了。他随即在墙壁上轻轻地敲了几下，似乎传来空洞特有的回荡。这个发现让他心里一惊，又一喜。惊的当然是这个墙壁不是实心的，后面别有洞天，真是喜从天降啊，天晓得后面藏着什么宝贝。在这样又惊又喜的情绪下，老杨按捺不住激动的心情，向王圆箓报告了这一发现。

王圆箓墓志

“法师，佛祖显灵了。”老杨压低了声音对王圆箓说。

王圆箓一时不解地看着老杨。

老杨招手示意王圆箓到自己这里来，又神秘地指了指墙壁。等王圆箓走近了，又轻轻地拿着芨芨草往里捅了一下。这下王圆箓也发现了异样，不用老杨多说，赶紧凑在墙边使劲往里看，好像看不真切，稍稍用手指把小洞捅大一点继续往里看。两人狐疑地交换一下眼神，又都凑近了敲着墙壁，把耳朵贴在墙上听。好一会儿，两人谁都没有说话，只是反复地看或敲。

莫高窟下寺（太清宫）

好像里面有东西啊!

“我去取家伙。”只听其中一个说。

另一个沉默了一下，摇了摇手，又往洞外指了指。

两人随即往洞口望去，虽没看见什么人，但好像不远处有人在做什么。

为了掩人耳目，两人白天继续假装干活，其实心早都不知道飞到哪里去了。里面会是金银财宝吗？老杨暗自思忖着，自己或多或少都能得到点好处，只要旁人不发现，自己的那一份或许能更多点。而王道士毕竟在人前人后跑过的，知道这情况非同小可，又暗暗埋怨怎么请了老杨来帮忙，如果是自己一个人发现的该多好啊。两人怎么分合适呢？到时候去哪里买地买院子啊？……那么多的问题一下子萦绕在两人的心间。

到了这天的晚上，下弦月在天上时隐时现，两人提着灯烛神不知鬼不觉地潜进了洞窟，佛像的影子在摇曳的烛光下左右摇摆地变换着身姿，似乎也对神秘的洞窟跃跃欲试。当两个人满怀欣喜地慢慢取下墙壁上的土坯时，发现那个墙壁背后果然别有乾坤，可是这个发现却令他们又沮丧下来了，为什么呢？因为他们当时都满怀欣喜地希望后面是金灿灿的闪着光的金银珠宝，可是他们眼前的是什么呢？是一堆灰蒙蒙的带着尘土气息的古物，一眼看去以古书居多。王圆箓仍然放心不下，他轻轻地拿出来几卷，随手翻了几次，发现里面写的都是佛教的经典，与他这个道教人士一点儿关系都没有，失望的二人怕被别人发现，又在当天夜里匆匆地把墙壁复原了回去。

这天夜里发现的这个新洞窟，日后有了一个响亮的名字，就是

“藏经洞”，被敦煌研究院编为第17号洞窟。王圆箓大概不知道这个让他们大失所望的洞窟日后不断地被后人膜拜着，人们一遍又一遍地讲述着他们在这个晚上的故事。

藏经洞内的写经、文书和文物粗略估计有6万多件，其时间跨度上起东晋初，下迄北宋中，历经700余年。其中数量最多、价值最大的古代经籍文书，又被称为“敦煌文献”，品类涉及天文、历法、历史、政治、经济、军事、外交、地理、宗教、社会、民族、文学、戏剧、音乐、文字、舞蹈、绘画、书法等，现在主要存于英、法、日、俄和中国的相关收藏单位。王圆箓的名字和这个洞窟、这些经卷一起

杨东苗临摹莫高窟第17窟壁画

载入了史册。

肯定有同学会问，这些经书为什么会藏在这个洞窟里呢？

首先，我们要从这个洞窟原本的用途说起。这个洞窟是个不规则的方形小窟，长宽为 2.7 米左右，高度为 2.5 米左右。窟北部中有一座禅床式低坛，北壁中部画着两棵枝叶交接的佛教圣树——菩提树，东侧树枝上挂着一个僧人使用的净水瓶，西侧树枝上挂着一个僧人常用的布袋。树两侧在对称的位置各画着一个人物，树东边是一个年轻的穿着袈裟的比丘尼，她的双手捧持对凤图案的团扇一柄；树西侧画着一个执杖的年轻女子，看起来是名侍女。两人一僧一俗，一左一右地站立着，好像在共同陪伴着一个重要的人物。

窟西壁龛内嵌有石碑一通，石碑高 1.5 米，宽 0.7 米，上面刻写的是高僧洪訔的告身碑，记录了洪訔一生的事迹，在落款处写着唐大中五年（851 年）沙门洪訔立，原来这是洪訔法师自己为自己立的碑。碑文分成三段，从上而下分别是洪訔告身、敕牒诏书、敕赐衣物录本，特别是记录了洪訔在当时的社会影响力和受到官方认可的情况。碑文作为第 17 窟内唯一有文字记载的资料，间接证明了这个第 17 窟与洪訔有关。

洪訔，本姓“吴”，也被称为吴和尚、吴僧统。他的父亲吴绪芝曾任唐朝的健康军使（治所在今张掖），之后带领全家随军移驻敦煌，后来吐蕃占领了敦煌，他的父亲拒不做官，加上他的长兄早逝，于是他跟随笃信佛教的二哥出家，学习佛教经典以及周边的民族语言。在多门语言的帮助和对佛教的理解下，他成为出色的译经僧，受到了吐蕃赞普的委任，被任命为“释门都法律兼摄行教授”，是当地僧团的主要

藏经洞内的洪䛒像和洪䛒告身碑

管理人员，十几年后又升迁为“释门教授”，佛教地位更高了，主持译场寺院中贵族子弟学校的文化教育及其他宗教事务工作。

嵌于藏经洞西壁的洪䛒告身碑

唐大中二年（848年），张议潮率众起事反抗吐蕃的统治，光荣收复了敦煌，洪䛒派弟子悟真随张议潮的入朝使一同赴长安向唐皇报喜。这一路路途遥远，艰辛无比，由于很久没有了敦煌的消息，当使团最终到达长安时，震惊了唐王朝。唐宣宗嘉奖了张议潮以及各路人马。特别赞扬洪䛒“惟孝与忠，斯谓兼美”，大中五年（851年）敕授洪䛒为“京城内外临坛供奉大德”及“河西释门都僧统知沙州僧政法律三学教主”，洪䛒的社会地位和宗教地位一时无二，从敦煌到河西到京城无人不知晓高僧洪䛒。皇帝还特别为洪䛒赐紫衣及各色信物，并亲示诏书，勉辞委婉，慰问“夏热”，恩宠殊异。唐朝中央的嘉奖对洪䛒来说是莫大的荣耀，于是洪䛒将告身和诏书刻在石碑上以示荣耀，并特地开窟一龛作为永久的纪念，这个窟就是现编号为16的洞窟，这也就能解释用来纪念洪䛒的影窟选址在

16 窟侧翼的 17 号窟的原因了。

唐懿宗咸通三年（862 年），洪𧦬圆寂，弟子们将他的骨灰用唐皇特赐的紫色细绢和白色细绢包好放入洪𧦬塑像。据学者们估计，洪𧦬塑像本应是放在第 17 号窟低坛的，但是到后来需要把第 17 窟改成藏经洞时，就把洪𧦬塑像移到了别处。后来敦煌研究院的工作人员将放在别处的洪𧦬塑像安放在低坛上，大致恢复了洪𧦬影窟在当时的样子。

其次，究竟为什么要把经书藏在这里呢？现在没有证据来证明当时的人们为什么要把这些经书封存在这个藏经洞当中，学术界也没有一个特别准确的说法，其中有两种说法认可者较多。

第一种叫作“避难说”，这种说法以伯希和、罗振玉、姜亮夫为代表。这些学者认为根据写卷上的有明确纪年的时间来看，最晚的写卷，大约处在 970 年到 990 年，而且在所有的写卷中没有一卷是写有西夏文字的。因此，有学者推测，藏经洞封闭的时间大约就是在这个写卷之后不久的 997 年至 11 世纪上半叶之前，最有可能的就是在 1035 年西夏占领瓜州、沙州、肃州，人们出门避难，于是在逃命的匆忙之间，就藏入了写卷，封闭了藏经洞。这是“避难说”的第一种说法。

“避难说”的第二种说法是北京大学的荣新江先生提出的，他认为从写本年代来看，藏经洞的封闭大约是在 1002 年之后不久，但是不可能晚到 1035 年那么迟。他提出一个时间是 1006 年。为什么是 1006 年呢？这一年，于阗这个佛教王国被信奉伊斯兰教的黑韩王朝灭了，这一场战争整整经历了 40 多年才最终完成。佛教王国于阗的陷落对佛教有着毁灭性的打击。因此当消息传到敦煌时，引起了敦煌佛教人士的紧张。因为担心黑韩王朝继续向东而来，敦煌的佛教人士未雨绸缪，把佛教重要的经卷啊绢画啊就全给封藏起来，而且封藏的时间也不算特别匆忙，是比较有秩序地进行的，因此封好之后，还在这个洞窟门口画了壁画，把这个门给遮掩起来了。当然，时间一长，当事人都离世之后，这个事儿就完全被遗忘了。

还有另外一种影响比较大的说法，叫作“废弃说”。废弃主要指这些经卷都是不要的，是被抛弃的，以斯坦因、方广锠为代表，认为大约是在1002—1014年，敦煌已经向内地求取了足够的藏经，于是敦煌各寺院进行了一次寺院藏书大清点，原本旧有的经书就废弃不用，为了爱惜纸张，也为了尊敬神圣，僧人们就把这些不用了的经书全都一股脑儿地藏在这个藏经洞当中了。当然有足够的时间在门口绘制壁画。

除此之外，还有一些学者有排蕃思想说、供养法物说、末法思想说等说法。排蕃思想认为藏经洞所在的第17号窟与里面藏的东西都跟吐蕃关系密切，可能出于某种原因存放在里面的;供养法物说经卷破损后不再流通，而是归入到供养经中，将它们有计划地礼仪性地收集瘗埋，最终达到长久供养的目的;末法思想说根据16窟表层壁画的内容认为彼时的敦煌世家大族对敦煌、对佛教理想世界有了深深的担忧，于是把经书储存起来以防万一。不管是哪种说法，其实都是现代学者的猜测，没有确凿的证据证明，这正应了胡适先生那句话“大胆地假设，小心地求证”，我们等待着同学们将来有一天能解开这个谜题。

虽然我们到现在仍然不能了解藏经洞是为什么封闭的，但是对那时候的王圆箓来说，另一个问题正萦绕在他的心中，那就是这一屋子的古物到底该怎么办？这个问题着实让王圆箓有点苦恼了。

对于一个道士来说，这些佛教的古书他明显利用不上，而且王圆箓早已无家可归了，他就是一个到处讨要生活的、想要找一个立足之地的人，当他在敦煌莫高窟慢慢地驻扎下来的时候，他大约能断定自己可以在这里长久地住下去了，莫高窟就是他最后的栖身之所，但是万一因为这些古物给他带来祸患，他连这最后的住所都保不住，那该怎么办啊？经过深思熟虑之后，王圆箓走上了他的保宅献宝之路。

谨小慎微的王道士，带着两卷取自于藏经洞的经文首先徒步行走25公里，赶往县城去找敦煌县令严泽。王圆箓被人引进县衙的侧房，絮絮地说了自己的来意，严县令斜躺在床榻上，轻轻抬起右手，马上有人从王道士手中接过经卷呈给他。县令抬起眼瞟了一眼经卷上的文字，什么佛曰般若涅槃，又轻轻地一扬手，那人赶紧又把经卷接了过去。

王圆箓紧张地跪在地上等待着县令发话，等了很久没有声音，于是抬起头一看，县令好像睡着了。又过了好一会儿，县令的手轻轻地向外摇了下，那下人赶紧示意王圆箓往外走。

走到外面，王圆箓作了个揖，想问问这位小哥，却碍于自己初来乍到不懂得县衙的规矩，只是一个劲地拱手，眼神不接地看着，等待着发落。

那小哥漫不经心地边走边对王圆箓说县令身体不好，已经好几日没见人了。这两张废纸有什么用啊？要有两张药方那才升官发财呢。

王道士一时无法接话，只好闷闷地跟着下人往外走。后来过了大半年，腊八过后没几天，王圆箓进城做法事，听说县令仙逝，县城里里外外着实忙活了好几天。

接下来王圆箓忙活着过年以及日常的许愿还愿等法事，忙忙碌碌又是小半年，然后听说有新县令要来了。

1902 年，敦煌又来了一位新知县汪宗翰。听说汪知县是一位进士，对一种叫金石学的学问很有研究。王道士又不明白金石学是研究青铜器和石刻资料的学问，反正知道新知县很有学问就对了。王道士猜想汪知县肯定能告诉他这些经书该怎么办，于是又带了几卷经卷去向汪知县报告了藏经洞的情况。汪知县笑呵呵地问了王圆箓在哪儿发现的啊等等问题，王圆箓心里一紧，简单回复说窟里的墙倒了露出来的。最后汪知县说事情他了解了，让王圆箓先回去。后来一直都没有回音，王圆箓也不敢再去问，生怕知县知道他拆墙的事情。

两次找知县无果，可王圆箓仍不甘心。他一心想要将发现的文书上交官府，猜想也许是七品官的县令大人实在是权力有限，于是，他又从藏经洞中挑拣了两箱经卷，赶着毛驴奔赴肃州（酒泉），这一次他想要去找二品官安肃兵备道的道台廷栋。他风餐露宿，单枪匹马，冒着狼吃匪劫的危险，行 400 多公里，才到达目的地，找到了廷栋。廷栋是一位满族官员，对于汉文化了解并不多，他拿着王圆箓贡献的文书翻阅着，边看边大声豪爽地跟周围的人们讲着话，那些人跟道台大人应和着，一片祥和的景象。王道士唯唯诺诺地站在一旁进也不是退也不是。只听得不知谁说了一句“这字也一般般”“道台大人字儿好”，又是一阵哈哈的笑声。王圆箓被下人带下去用了饭，等了几天，再未见到道台大人，于是在一个天蒙蒙亮的早晨回莫高窟去了。

与此同时，1902 年被任命为甘肃学政的金石学家叶昌炽，通过汪知县知道了藏经洞的事，便对此很感兴趣，委托汪宗翰为他的著作《语石》一书代求些敦煌莫高窟藏经洞出土的碑刻资料，先后得到《大中五年（851 年）洪䛒告身牒碑》拓片、《宋乾德六年（968 年）给水月观音像》、绢本《水陆道场图》《大般涅槃经》四卷、梵文写经 31 页等。

不知道是叶昌炽还是廷栋向甘肃藩台汇报了藏经洞发现古物的事情，并建议甘肃藩台将所有的古代文献和文物运到兰州保存，但是甘肃藩台粗略估计运费需要五六千两银子，因为无法解决这些运费，于是命令王圆箓就地封存保管好藏经洞古物。

1904 年阴历四月，汪宗翰带了一批人马，亲去莫高窟察看，并执行藩台的旨意。莫高窟此时正是乍暖还寒的时节，汪知县在附近转了一圈，从门口探头看了看藏经洞，随手抽出几卷经文，随意翻阅了几下。走出洞窟，一阵风吹来，汪知县笼着袖子缩着脖颈子，回头对王圆箓说看好藏经洞，保护好经卷，就一溜烟地坐上马车走远了。王圆箓憨憨地站在原地好久，等看不见马车队伍了才慢慢折回去锁好藏经洞的屋门，把钥匙收好，反复检查了好几遍才慢慢踱回自己的屋里。他边走边思忖，一定要保管好钥匙，免得惹县令大老爷不高兴。

在这些官员中，最后悔的当属叶昌炽。叶昌炽在自己的《缘督庐日记》中记载了收获敦煌藏经洞文献的事情，被后世誉为第一个对藏经洞文书进行记录并加以研究的学者。1903 年末，他得到消息时错认为敦煌文献数目不多，已经被众人取拿殆尽，直至 1905 年，他亲自到了酒泉，却再未往前走，失去了亲赴莫高窟一探究竟的机会。直到他退居还乡，1909 年听说敦煌发现了藏经，并被法国人伯希和以极少的银两购买了去，他一度认为是又发现了一个藏有经书的洞窟，并在自己的日记中写道:“如此珍贵的写卷就这样被外国人买走了，敦煌的地方官竟然一点点都没有察觉，真叫人可叹啊！回想自己当年已经到达酒泉，距离敦煌不过千里，却并未亲自前往莫高窟收集出土文书，我这个朝廷命官也是不称职啊，如今的我只能独自悔恨，哪里再能指责其他人啊！”

叶昌炽

叶昌炽不知道的还有多年之后，敦煌真的又发现了一批经卷。那时正是敦煌艺术在国内引起热潮之时，在多位人士的呼吁下，已经偏居重庆的国民政府成立了国立敦煌艺术研究所，由常书鸿任所长，专门管理保护和研究敦煌艺术。1944 年，为了欢迎多位新增的同事并改善日常生活物资的不足，国立敦煌艺术研究所准备清理一座清末修建的土地庙，改为职工宿舍。他们首先将土地庙中的山神、土地、牛王、马王、药王五尊残塑像搬出，放置在墙根下，之后再进行其他修建工作。8 月 30 日，一名工作人员无意间打破了残塑像，发现残塑像体内的中心支柱上缠裹着一些经卷。整个研究所兴奋异常，常书鸿所长携众人对新发现的经卷进行了检查整理，总计共有六朝残经杂文 66 种、碎片 32 块。当即就有学者断定这些塑像中的文书与王圆箓有关，但 1984 年学者李正宇对这一批土地庙文书的来源进行了探寻，认为土地庙修建于清道光十七年（1837 年），土地庙内的塑像则是从莫高窟西侧一年久失修即将倾覆的

叶昌炽《缘督庐日记》

老庙里搬移过来的，由此看来土地庙文书与王圆箓无关。

我们再说回王圆箓，向各级官员献宝一圈但是都没有实际的进展，使得王圆箓自己认为这些东西其实也没那么重要。于是又调转精力干回了自己的老本行，日常祈福斋醮等，也把藏经洞的经书写卷化成灰给善男信女们治病去灾，这一切似乎都向着他的终极事业——营建自己的道家庙观慢慢发展着。

斯坦因假托玄奘之名欺骗王道士

在上一章我们说到，王道士向自己能想到的各级官员汇报莫高窟发现经卷的事情，但并没有引起当地官员们的足够重视，于是放弃了献宝之路，安安生生地继续做着道士的老本行，化缘乞食，起坛祈福。在民间，莫高窟发现藏经的事一直被当作茶余饭后的谈资流传着。在普通老百姓的心里，觉着是莫高窟的佛祖护佑着这一方百姓，谁也不敢打那经卷的主意，免得惊动了佛祖。谁知，这个消息就像长了腿一样，被一个别有用心的人听了去，这个人就是英国的斯坦因。他打起了藏经的歪主意。

斯坦因从哪儿来?

1862 年 11 月 26 日，斯坦因出生在匈牙利布达佩斯一个犹太教家庭，排行第三。当时，犹太人是受迫害的民族，毫无法律地位，不能上学，不能从事各种专业工作，只能居住在“盖特欧”里面，这个区域四周围着高墙，居民日落以后和星期天都被锁在里面，严禁外出。他

斯坦因

父母为儿子的前途着想，决定让他接受基督教的洗礼，洗礼后起名马克·奥里尔·斯坦因。从此他走上了一条与犹太家庭截然不同的发展道路。

1872 年，斯坦因 10 岁，被送往德累斯顿的克留兹舒勒学校学习。在这所学校里，他除了原本就掌握的匈牙利语和官方语言德语之外，又学会了希腊语、拉丁语、法语和英语。

斯坦因从克留兹舒勒学校毕业后，便返回家乡进入预备学校，为上大学做准备，并开始了东方学的研究。在求学期间，有两个人曾指导过斯坦因的学业，一个是蒂宾根大学印欧语言学和宗教史教授鲁道夫·冯·罗特，另一个是维也纳大学印度语言学和古代史教授、印度古文字学方面的权威乔治·比勒。斯坦因跟随他们学会了梵语和波斯语。他们不仅传授给斯坦因深奥的学识和当时最先进的知识，更重要的是启发他在相互关联的学问里发现问题，而且还帮助他确定了研究方向。1883 年，斯坦因在蒂宾根大学获得了哲学博士学位。

学业完成之后，下一步的人生目标就是获得一份满意的工作。怎样才能如愿谋得一个东方研究的教师职位呢？斯坦因开始向他的老师乔治·比勒看齐。像其他大多数欧洲梵文学者一样，在被聘至维也纳大学任教之前，乔治·比勒一直居住和生活在印度。比勒在印度的这番经历使斯坦因建立了信心，他也可以通过在印度的相同经历争取教授职

在蒂宾根大学上学时的斯坦因

位。而且，到印度去并不是一件可怕的事，早在 1819 年，36 岁的乔玛经土耳其、埃及和波斯行抵布哈拉，之后又经喀布尔和拉合尔到克什米尔，发现了长期不为欧洲人所知的藏文文献。虽然他最后死于遥远的喜马拉雅山下，但是他传奇的经历成为爱国主义的象征，最终激起国民对东方学研究的兴趣，也激发了不止一个匈牙利人的想象力，以这样或那样的方式或理由前往东方。斯坦因不是第一个，也不是最后一个，所以对年轻的斯坦因来说，这是一条可以效仿也比较接近成功的道路。后来，在斯坦因前往中亚的路途中，他不仅从爱国者的角度，而且还以一位教授的身份声明了自己与乔玛的关系。他们两人都为了理想而离开故乡，而且心甘情愿地接受孤独。

怎样才能去印度呢？斯坦因知道，只能像乔玛那样，通过东印度公司这个途径。说起这个东印度公司，同学们可以联系到在历史课上学过的地理大发现。1492 年，哥伦布到了美洲大陆，他以为那里就是传说中的印度，后来发现了真正的印度后，欧洲人为了区分美洲的加勒比群岛和印度，便称美洲为西印度，真正的印度为东印度，甚至在西方人的认知中，东印度不仅包括印度还包括东南亚和东亚诸国。而欧洲 17、18 世纪殖民和掠夺的主要地方就是这些国家，因此欧洲各国负责“海外贸易”的公司便被称为东印度公司。英国最早于 1600 年建立了英国东印度公司，是英国侵略印度的主要工具。英国通过东印度公司对印度领土蚕食鲸吞，到 1849 年，整个印度沦为英国的殖民地，东印度公司完成了其历史使命，九年后被取消。英国政府直接统治了印度，要去印度只能从英国启程。于是，到英国去，便成为斯坦因的下一个目标。

其实，斯坦因在 1883 年获得博士学位后，便从匈牙利政府获得了 1884 年至 1886 年在伦敦牛津大学、剑桥大学从事东方语言学和考古学的博士后研究津贴。但 1885 年，由于强制性的军事训练，他中断了在伦敦的学习，回到卢德维卡学院、匈牙利军事测绘学院参加军训一年。在这里他学会了当时最先进的军事测量方法，这项技术在他以后的中亚探险中发挥了极其重要的作用。1886 年，他回到伦敦继续学习。学业即将完成的时候，在英国著名东方学家亨利·罗林森和亨利·玉尔的推荐之下，斯坦因被派往印度成为旁遮普大学的注册员和刚刚建立的拉合尔东方学院的负责人。斯坦因的人生在不断的努力中逐渐看到曙光。

斯坦因考察的准备工作

1888—1899 年，斯坦因在旁遮普大学就任注册员和东方学院负责人。在这十年间，他进一步扩大自己的学术视野，确定自己的奋斗目标，一直以来想要成为教授的想法，已经不能满足他对学术的追求，他想要去做更加具有挑战性的工作——去中亚内陆探险。

当时学者对于新发现的古文字文书非常感兴趣，据说这些文书都出自中国新疆塔克拉玛干沙漠南缘的和阗附近，其文字是印度婆罗谜文，但语言都是人们还不知道的一种非印度语言。古文字文书的历史价值是不言而喻的，但是这些文书几乎都是由当地的寻宝人发现的，他们不能提供有关文书的任何信息，学者们都无法确定这些文书的真伪。因此进行一次有关文物被发现的地点和环境的考察迫在眉睫。此时的斯坦因正好身处印度，距离很近，而且斯坦因精通突厥语及其同族语言，同时他还是一个在克什米尔地区及其周围地区从事考古学的专家，有丰富的考察经验。

斯坦因的护照

经过多年的准备和深思熟虑之后，1898 年 9 月 10 日，斯坦因向印度政府提出了前往中国新疆考察的申请，要求地方政府和最高当局支持他的计划，这是一次对中国新疆和阗地区及其周围古代遗址的考古考察旅行。至于选择和阗地区的原因，斯坦因解释说，根据历史记载，今和阗地区曾经是古代的佛教文化中心，再加上当时出土的古代文书、钱币、雕刻等文物，说明通过对这些古遗址的系统发掘，将会得到对于印度古代文化研究极为重要的发现。

关于考察的经费问题，斯坦因申请由旁遮普大学和印度政府共同承担总费用，作为回报，他将把找到的所有东西交给印度政府以便存入大英博物馆，经政府同意后，可以把一部分赠送给提供资助的其他学术团体。

为了让考察更加顺利，斯坦因还请求印度政府通过外交部与中国政府联系，帮助他获取在中国旅行必需的护照或允许。为了在和阗地区行动更加方便，他希望得到和阗地方当局的支持，他请求印度政府能帮助他争取到由中国中央政府或省政府给和阗的办事大臣发去通知，证实他已获准勘察或考察和阗辖区中所有古代遗址，在这类遗址上进行发掘，拥有其中出土的文物，如有人出售，他还可购买这类文物。

最终，1899 年元旦前夕，这个思维缜密的青年终于获得了许可，内务部和财政部批准了他的和阗之旅，外交部也同意与中国当局交涉有关事项。1900 年初，英国驻北京的公使应英国驻印度总督寇松勋爵之请，办好了斯坦因前往中国新疆的护照。至此，斯坦因的所有准备工作完成，开始了他的第一次中亚探险。

斯坦因的第一次考察

斯坦因的第一次考察从 1900 年 5 月 31 日开始，于 7 月 30 日到达喀什噶尔（即今喀什），英国政治代表马继业夫妇正在那里迎接他。

斯坦因在喀什噶尔度过了盛夏的两个月。在这里，他请道台向和阗发出明确指示，要给他提供必要的帮助，以保证运输、供应、劳工以及行动、发掘、考察的自由。一切准备就绪后，他于 9 月 11 日告别了马继业，途经叶尔羌向和阗进发。

到达和阗的前一站是皮山。一个和阗的“寻宝人”曾说他的“古书”大多是在皮山、和阗之间沙漠中的古代遗址中发现的，于是斯坦因对这里进行了挖掘，最终一无所获。于是继续向和阗前进。在和阗，斯坦因没有亲自发掘到文书，但是在这里进一步证实了学者们对于出土古书的怀疑。

12 月 7 日斯坦因向和阗以北沙漠 96 公里处的丹丹乌里克进发。丹丹乌里克遗址位于策勒县达玛沟乡北 90 公里，系唐代遗址。房屋建筑遗迹以佛寺为多，平面呈半“回”形，崖壁中央的台子上塑有佛像，土台的周边是一道或者两道回廊，在回廊的墙壁上绘有壁画，有菩萨、小千佛等形象以及婆罗谜文题记。从佛像和壁画反映的内容来看，当时生活在这里的居民信奉的是大乘佛教。这里出土了大量的珍贵文物，有木版画，古钱币，众多的汉文、梵文、于阗文和婆罗谜文文书。斯坦因在遗址中捡到一些有“开元”年号的中国铜币。在挖掘其建筑时，发现了几页用婆罗谜文字书写的佛经，接着又发现了更多的文书。1901 年 1 月 2 日，斯坦因在给印度政府的汇报中说：“在沙漠里这个古遗址度过的最后数周中，古代梵文、突厥文和汉文手抄本的出土以及在佛教壁画方面取得的有趣成果，它们都是从沙漠遗址中清理出来的。”

丹丹乌里克考察结束后，斯坦因前往尼雅遗址。尼雅遗址位于民丰县城以北 150 公里的尼雅河尾间，塔克拉玛干沙漠的腹心地区。1901 年由斯坦因首次发现，他又于 1906 年再度对该遗址进行调查发掘，斯坦因两次共发掘废址 53 处，掘获卢文木简 721 件，汉文木简、木牍数件，以及武器、乐器、毛织物、丝织品、家具、建筑物件、工艺品和稷、粟等粮食作物。另外，他还对遗址进行了测绘。

1901 年 7 月，斯坦因的第一次中亚探险在伦敦结束。他很满意地把从沙漠中出土的古代文物，临时存放在大英博物馆这个安全的休憩之地。不论是这些文物还是他拍摄的 800 余块玻璃底片，在长途跋涉中毫无损坏。由于他胜利带回的大量古文物急需整理和编写目录，原来印度政府委派在英国从事这项工作的六个星期远远不够，于是负责印度事务的国务秘书又给他延长了六个星期。随后，斯坦因写了三本书来叙述他的第一次探险：一是《中国新疆考古：地理探险旅行初步报告》，是 1901 年回到伦敦后不久写成的；二是两年后出版的《沙埋和阗废墟记》；三是 1907 年问世的两卷本巨著《古代和阗》。三本书虽然记述的是同一次探险，但侧重点不同。第一本是探险的简报。第二本"个人旅行笔记"则由日记、现场记录、给家人朋友的信函组成，其中讲述了全部情节，包括计划和日程、遇到的障碍、得到的教训、挫折和成功、当天的冒险和荒漠的艰难等。第三本《古代和阗》是一部学术著作，详细记述了遗址发掘的情况，并附有大量文物图片。

1902 年 9 月 3 日至 10 日，第十三届国际东方学家大会在德国汉堡召开。斯坦因参加了这次大会，并于 1902 年 9 月 6 日下午在第二、四分会联合会议上介绍了他的第一次中亚考察成果。斯坦因放映了一组幻灯片，演示了和阗附近的古代遗址和文物，还展示了一些文物搜集品标本，引起大会的轰动。代表英属印度参会的英国印度事务部秘书查尔斯·詹姆斯·李敖爵士于 12 月 6 日给印度事务部写信汇报说："9 月 6 日下午，在印度分会和中亚分会的联合会议上，斯坦因博士做了一场讲演，关于他在新疆的考古学探险旅行。斯坦因博士还放映了一些漂亮的幻灯片，展示他探访过的地方，以及考察中所发现的文物。他还展示了他从带回来的文物搜集品中挑选出的标本，以及文书写本的样本。我想我可以这么说吧，斯坦因博士的这个讲演，是本届大会上最有意义的、最受到欣赏的讲演之一。”

《沙埋和阗废墟记》

汉堡大会的最后一天，即1902年9月10日，经全会表决的方式，通过了一系列决议案。其中第3号会议案的主角是斯坦因，其主要内容如下：“在汉堡召开的第十三届国际东方学家大会的印度分会、中亚分会和远东分会联合提出要求，表示要向印度总督（寇松）阁下和印度政府致谢。印度总督阁下和印度政府为斯坦因博士最近在新疆进行的考察提供了必要的时间和资金，从而极大地促进了东方学的学术研究。第十三届国际东方学家大会同样要感谢印度政府驻喀什噶尔的政治代表马继业先生，以及中国新疆省政府的官员潘（震）大人和韩（瑶光）大老爷。斯坦因博士在和阗周围进行的考古学、地理学考察过程中，曾得到他们非常有效的帮助……最后，大会还冒昧地表示，希望在条件允许的时候，考古学研究应该从斯坦因博士的特殊经验和他以前的知识中受益。为了印度的利益，应该再委派斯坦因博士进行更多的考察。而他的经验和知识，很可能会使进一步的考察工作变得极为方便。”这样的决议案，目的是为斯坦因计划进行的第二次中亚考察提供舆论支持。

斯坦因第二次中亚探险与千佛洞骗宝

由于第一次中亚探险所取得的卓越成就，斯坦因成为名震一时的东方学者。1902 年，斯坦因参加了在汉堡举行的第十三届国际东方学家大会。大会赞扬了斯坦因的中亚考察工作。同时，匈牙利地理学会会长洛克齐在会上报告了他 1879 年在我国西北考察地质期间，看到的令人惊讶万分的敦煌千佛洞艺术。他的报告激发了斯坦因前往敦煌考察的决心。这正如斯坦因自己所说："在第一次中亚探险以后几年，我便计划进行第二次的探险，并很想将这一次的探险扩展到中国西北边界上的甘肃省去。我的朋友——匈牙利地质调查所所长洛克齐教授曾同我说及敦煌东南的千佛洞佛教石窟寺，因此更大大地促进了我的愿望。"

1904 年初，斯坦因开始策划第二次考察。1904 年 9 月 4 日，斯坦因向政府提交了考察的详细计划书，即赴和阗——罗布淖尔——沙州探险考察。经过政府财务部、外交部、税务和农业部门以及印度考古调查部门的论证，斯坦因第二次赴中亚探险的计划于 1905 年被批准。

在斯坦因申请第二次考察期间，德国的考察队已经踏上第二次中亚考察的道路。唯一有点不同的是，德国考察队的明星格伦威德尔身体不适，暂时由阿尔伯特·冯·勒考克带队，直到格伦威德尔归队。1904 年 11 月德国考察队到达吐鲁番，在周边考察。1905 年 8 月，考察队转移至邻近甘肃的哈密地区。此时，离藏经洞发现已经有五年之久，这个消息自然也传到了哈密，勒考克听说了这个消息，立即准备带队前往敦煌考察。谁知此时收到了来自柏林的电报，要求他在 10 月 15 日之前赶至喀什噶尔迎接病愈归队的格伦威德尔。勒考克只好听从，不得不放弃了前往敦煌的计划。

这不是德国人离敦煌最近的一次，格伦威德尔归队之后也曾带队在哈密一带工作，但勒考克已经因病回国，德国的考察队也再无计划前往甘肃敦煌了，这让德国考察队错失了到敦煌莫高窟考察的机会，也失去了极有可能第一个劫取藏经洞文书的机会。这一切都便宜了一年以后到来的斯坦因。

1906 年 4 月 20 日，由 8 人组成的斯坦因考察团从印度出发，他们穿越帕米尔高原到达喀什。这时，斯坦因已经深深地为自己不懂汉语而苦恼，他打算聘请一位中文秘书来帮助他。这种中文秘书在当时的中国有一个特殊的称谓——“师爷”，这些师爷谙熟中国传统文化，对中国官场的交际规则非常了解，做各种行政事务很懂得其中的周旋之道，在当时如鱼得水，很受欢迎。恰好英国的政治代表马继业认识一位在喀什旅居的师爷蒋孝琬，于是斯坦因聘请了蒋师爷作为他的翻译和助手一路同行。此时的斯坦因远没有想到，这位蒋师爷在他的

斯坦因的师爷——蒋孝琬

1907年考察途中的斯坦因

考察队伍中扮演了非常重要的角色，蒋师爷不仅承担记录和整理考古资料的工作，而且协助斯坦因出面与各地官员进行关系的疏通，还管理着生活问题、雇佣工人等琐碎小事，斯坦因在他的回忆中多次称赞蒋师爷是他的好朋友、好助手。

斯坦因一行人沿着丝绸之路东行，于8月份到达和阗，然后对昆仑山的地形进行了勘测。

12月，斯坦因到达若羌，在若羌当地官员的帮助下，又雇了三十个工人和两个曾跟随过斯文·海定的猎人做向导，并备足了能维持到敦煌的补给品。路上又挖掘了楼兰遗址，清理出了300件至400件藏文文书；并且在这里发现了米兰壁画。挖掘结束后，斯坦因的队伍继续向前行进。

1907年3月12日，斯坦因到达敦煌。当时他还不知道千佛洞发现藏经洞的事。原本准备只在敦煌待十天，简单地考察一下千佛洞，并在敦煌补充一些粮食和饮水，然后就去罗布泊沙漠进行考古发掘。但到达敦煌后不久，他就从一位定居在敦煌的乌鲁木齐商人扎希德·伯克那里，听到了几年前王圆箓在莫高窟发现藏经洞遗书之事，而且里面有很多写卷不是用汉文写成的。就像一个猎人嗅到了猎物的味道，斯坦因一路上都在努力地想从沙漠戈壁中发掘出宝物，因此当他听到藏经洞的消息时，他认为藏经洞发现的这种宝物很值得去努力侦察一番，所以就迫不及待地向千佛洞跑去。

很可惜当他们 3 月 16 日到达千佛洞时，王道士带着两个徒弟外出化缘了。藏经洞不仅已装上了门锁，钥匙由千佛洞住持道士王圆箓亲自掌管，而且在门的外侧还摆上了一层砖块，不仔细看连门都发现不了。斯坦因进不了藏经洞，在门外徘徊了很久，眼睛贴在门缝上往里面张望了很长时间，无奈太黑什么都看不清。他点上蜡烛，透过门缝好像看到里面有些东西，这让他心里特别高兴，虽然不能马上细细研究，但这个发现已经很令他兴奋了，他只好先四处转转。

斯坦因向此时唯一住在千佛洞的小喇嘛打听藏经的事情，小喇嘛倒是不含糊，把自己了解的一点都说给斯坦因听。这些言词虽不准确，但是已经间接地印证了外面的传言，斯坦因十分高兴。当小喇嘛把仅有的一个用来光耀寺庙的藏经洞经卷拿出来给斯坦因看时，蒋孝琬确定地告诉斯坦因，虽然上面没有纪年，但是这些纸张看起来很古老，顿时增加了斯坦因的信心。

在千佛洞走马观花地转了一圈、看了一遍之后，斯坦因对这里的佛教传统已经有了大致的了解。他认为马可·波罗对于“沙州”的佛教记录仍然是可信的。在马可·波罗的记载中说这里的沙州居民大多数是佛教徒，也有基督教徒和伊斯兰教徒，境内庙宇众多，内多佛教造像，信徒虔诚礼拜。

斯坦因和蒋师爷则从留守的小喇嘛那里得知藏经发现于一个大型的洞窟里，这个洞窟靠近洞窟群的最北端，是在整修洞窟时工匠发现墙壁上有条裂缝，挑开裂缝后便从土墙后发现了密室，密室里塞满了大量用汉文写的、但是读不通的文字。在细细研读小喇嘛拿出来的经卷时，蒋师爷不断地读出“菩萨”“波罗蜜”一类的术语，斯坦因判定这个卷子就是音译的佛经写卷，由此他认为密室中所藏的应该是佛经。

3月23日至5月15日，斯坦因按照原计划在敦煌沙漠北部的绿洲中工作。工作期间，莫高窟藏经洞一直在他的脑海里萦绕着，他梦想着自己马上就能一睹藏经洞的真貌。等他结束沙漠北部的工作，5月19日回到城中正逢四月八浴佛节，斯坦因不想休息，他要马不停蹄地前去莫高窟。蒋师爷劝他心急吃不了热豆腐，劝说他在县城等待几

斯坦因（左三）、蒋孝琬（左二）在考察途中

日，也正好可以借机拜访一下当地官员，拉近关系。趁着斯坦因向当地的大老爷普及考古工作的价值时，蒋孝琬则利用他中国人的优势一个人悄悄地来到了千佛洞。

我们现在不知道蒋孝琬是如何跟王道士沟通的，但是王道士一反常态地并没有在法事结束后立马进城化缘，而是留在千佛洞等待斯坦因前来。按说，蒋孝琬应该告诉了王圆箓来的人是个外国人，但是当斯坦因在几天后真的出现在莫高窟时，王圆箓仍然吃了一惊，怎么办呢？这个老实巴交甚至有点木讷的人，顿时被自己难住了，虽然不是第一次见外国人，但他仍然被惊着了，甚至连早就想好的那些语言都不知道哪儿去了。于是只好轻轻地甩了一下拂尘，微微躬身，对着斯坦因打躬作揖，然后又转头对蒋师爷不置可否地笑了一下，默默地站在那里。

见王圆箓不说话，斯坦因狐疑地看看蒋孝琬，最终两只眼睛滴溜溜地盯着王圆箓，从头到脚、从脚到头地看了个遍。斯坦因想说点什么，却不知道从哪里说起，只好又用眼神暗示着蒋孝琬。于是蒋孝琬自说自话地把斯坦因又介绍了一遍，末了甚至拿出斯坦因的护照递给王道士，王道士接过去，不经意地摆弄了两下，也不知道到底有没有看清楚上面写的是什么，又还给了蒋孝琬，留下悠长的一句话：“官家老爷让看那就看看吧。”于是慢慢地起身往远处走去。蒋孝琬忙起身跟着王圆箓走了几步，又不由分说地把攥在手里的一点碎银子塞到王圆箓的手里，这才让王圆箓真的走远了。

初次见面就这样结束了，斯坦因后来记录说王道士看起来是一个很奇怪的人，极其狡猾机警，第一次见面就知道这个人不易捉摸。而在王圆箓这边，情况也没多好，虽说王道士在敦煌也算是见多识广，但他的那些经验还不足以帮助他自如地跟外国人打交道。他勉强维持着镇定，心里却忐忑不安。

因为怀有不可告人的目的，斯坦因表现出对藏经洞没有兴趣，说他是来千佛洞拍摄壁画照片的，马上安排人员进行拍照，只字不提藏经洞的事。

只是这位中国翻译蒋孝琬没事就去和王道士有话没话地聊上几句。从他怎么学的外语又怎么给斯坦因当上翻译，东拉西扯地又聊到斯坦因一路上的考古发掘，周旋了很久，最后说斯坦因想看看那洞里的宝贝。

听到这儿，点着头打着哈哈的王圆箓，在片刻的惊诧后，慢慢淡定下来，他在心里安慰着自己，官家老爷让看的，反正看一下又不碍事，最后又变成了一张不置可否的脸；但蒋孝琬心里知道王圆箓已经被打动了，他又告诉王圆箓，说你整日去化缘积了不少功德，眼前的善事也要做一做，斯坦因是真的大施主，能给一笔不小的捐款，最后王道士“终于”同意斯坦因可以看看一些藏品的样品。

蒋孝琬乘胜追击地又说到，这些个好东西，斯坦因想让他的师傅也看看。他的师傅老了，来不了，想买了带回去给他的师傅看看。

听到这样的暗示，王圆箓没有作声，但他一下子焦躁不安起来，在地上徘徊了好几圈，最后默默地走了，之前同意让斯坦因看一部分卷子的事也几乎泡汤。正如斯坦因自己所说的那样，他尽所有的钱财来引诱王道士同他的寺院，但还不足以战胜王道士，也许是对宗教的情感，或者是对激起众怒的畏惧，或者两者都有吧，王道士在这中间摇摆不定。

金钱没有像预料的那样打开藏经洞的大门，斯坦因只得再想其他办法，这下他决定要亲自出马了。5月22日下午，斯坦因极尽自己有限的汉语辞藻夸耀王道士，希望王道士能领着自己参观洞窟并且介绍自己的维修工程时，王道士对斯坦因逐渐有了好感。正好王道士把斯坦因领到画有唐僧故事的壁画面前，画面上玄奘站在一条湍急的河流岸边，他的坐骑驮着佛经站在一旁，一只大龟向着玄奘游去，要去帮助他把佛经驮过河。作为一个东方学家，斯坦因对于玄奘取经的故事实在太熟悉了。斯坦因激动地向王圆箓诉说着自己对玄奘的熟悉和喜爱，甚至当场祝祷起来，“阿弥陀佛，玄奘大师，我终于又见到您了，真是三生有幸”，等等。

斯坦因为王圆箓在《西游记》故事壁画下拍摄的照片

这一番话在斯坦因的洋腔洋调下真的让王道士信以为真了。斯坦因继续大讲特讲他是玄奘的忠实信徒，他用很有限的中国话向王道士述说着自己多么崇奉玄奘，以及如何循着玄奘的足迹，从印度横越峻岭荒漠而来。淳朴天真的王道士显然是被他的话感动了。谈完玄奘的话题后，蒋师爷单独留下来与王道士周旋。只知道蒋师爷对王道士又耳语又比画地说了很久，犹豫的王圆箓左思右想地考虑了好一会儿，又拉不下脸皮拒绝，最后勉强同意只让蒋师爷一个人看看。快到傍晚时，蒋孝琬第一次看到了藏经洞的经卷，蒋师爷指天发誓，让王圆箓要相信自己人，说完就带着几卷王圆箓同意他一个人阅读的卷子回到自己的帐篷里去了。

直到深夜，蒋师爷把王道士偷偷借给他的一捆汉文卷子藏在黑色长衫下悄悄进入了斯坦因的帐篷，给斯坦因展示过之后，蒋师爷就把一小捆经卷带回他自己的小屋，连夜进行识别研究。

5 月 23 日天刚亮，蒋孝琬惊愕地向斯坦因报告，一些经卷上有题署，有些题署表明，佛经是玄奘从印度带回并亲自从梵文译为汉文的。听了这一消息，斯坦因也很惊讶，并让蒋师爷去报告王道士。

蒋师爷酝酿了很久感情之后，拖得长声喊道:“法真师父，苍天有眼啊。您看看，这个卷子是玄奘师父亲自翻译的！”

见王道士不为所动，蒋师爷煞有其事地继续说，一定是玄奘法师在天有灵，知道斯大爷来了，要把这卷子赐给他呢。

王道士听后才把昨天的玄奘之事和经卷结合起来，这下他也是惊愕不已。蒋孝琬说，只有一种解释才说得过去，即阴曹地府的玄奘亲自选定这一时辰，把这些神圣的佛经展示在斯坦因面前，以便这位来自遥远印度的虔诚信徒和弟子能把它们带回印度老家去。在蒋孝琬这种半神话的影响下，王圆箓又考虑了一个上午。他的徒弟在旁边小心侍奉着，只见他的脸色一会儿红一会儿白，甚至破天荒地去洞窟烧了三炷香，才打发徒弟去提醒斯坦因请卷前要净手净面。到了这天中午，王道士带着斯坦因在藏经洞门口站了好久，最终下定决心打开了藏经洞的铁锁。这是斯坦因第一次看到藏经洞的内景，他看见卷子紧紧地一层一层地乱堆在地上，高达十英尺（一英尺约等于三十厘米）左右。

从 5 月 23 日下午开始，斯坦因和蒋师爷在藏经洞旁王道士修建的侧室里翻检文书，王道士则把卷子一捆一捆地搬到侧室里让他们研究。

斯坦因一边用甜言蜜语哄骗着王圆箓，一边抚摸着这些经卷。所有的卷子都表明它们曾经被阅读和触摸过。此时斯坦因的心里已经乐开了花，但是他仍保持着表面的平静，细细地翻阅着。这些文书既有汉文、藏文的，也有梵文和中亚婆罗谜文的，另外还有用“未知”语言写成的。在文书的保存方面，这里的文书堪称之最。除了佛经之外，还有许多绢画和帛画，都是佛教题材的内容，有的是纯粹的印度画法，有的则掺杂中国画法。

王道士对佛画的兴趣不大，斯坦因和蒋孝琬一面许诺要布施钱，一面借机把挑选出来的一些佛经和佛画放在旁边，王道士看见后也没有提出异议。

看到王道士并不是非常果断，斯坦因决定由蒋师爷一个人采取行动。当夜，蒋师爷果然抱着白天挑选好的卷子来到斯坦因的帐篷，这让斯坦因非常兴奋。自那之后，直到 5 月 28 日，斯坦因和蒋师爷白天都在侧室里翻检文书，晚上则由蒋师爷将挑选出的文书偷偷运到斯坦因的帐篷里，后来甚至用车辆运载，一共运了六个晚上才结束。在藏经洞文书全都清理出洞窟之后，斯坦因对藏经洞进行了全面的观察和测量。

当斯坦因再次借着欣赏玄奘塑像的机会来游说王道士:“玄奘法师是让我来拯救这些经卷，是要让这些佛经回到老家去的，这下他老人家可以瞑目了。”这样轻而易举地又骗得了 20 个卷轴。之后，他们约

斯坦因拍摄第 16 窟甬道堆放的经卷

定，以给寺院布施的方式再给王道士个人一些酬劳。

而这所有的一切，除了之前答应过的布施之外，仅有一个条件，那就是在斯坦因未离开中国国土以前，这些“发现品”的来历，除他们三人之外，不能让任何人知道，更不能让人知道他们之间的交易。

虽然条件得到了斯坦因的再三保证，王圆箓心中还是惴惴不安，宣称要去和施主们商量商量，在当天锁上了藏经洞的屋门。王道士准备到县城去化缘了。

藏经洞被再次锁上并未引起斯坦因的重视，毕竟他已经到手了为数众多的珍贵绘画、非汉文写卷及其他文物，再说通过多次的交往，他已经了解到征服王道士不过是钱款的问题。最终又添加了 50 捆完好的汉经文卷轴和 5 捆吐蕃文的文书，王道士一共得到了 4 块马蹄银的布施（马蹄银即银元宝，每个 50 两）。

在把藏经洞文书完全翻检过一遍，得到了许多宝贝之后，心满意足的斯坦因开始打包，准备运走。为了更好地保护这些货真价实的宝贝，他共用了一周的时间装箱。作为一个颇有计划的盗宝者，斯坦因在来的时候就已经故意带了一些空箱子，当他把这些宝贝装进原有的空箱子后，在别人看来，他似乎原样来又原样地离开了，什么都没有带走。

王道士害怕引起施主们的怀疑，也趁这个机会去敦煌化缘了。他想到外面去听听风声，看看他们的秘密有没有被别人发现。普通老百姓都还好说，王道士最怕新来的县令知道他违反了藩台大人的谕令，没有好好保管藏经。等他到了县城，发现没有一个人询问他任何事情，这才让他安下心来。

斯坦因挑选出来的部分汉文写本

一周之后王道士返回千佛洞，千佛洞一切如常，连小喇嘛也跟以前一模一样，这下王道士也不再胆小怕事了。斯坦因还安排王圆箓在一个废弃的小窟里造了一尊玄奘的塑像，这时即将竣工。虽然这塑像看起来样式不怎么样，但却足以帮王道士挡住周围怀疑的目光，并掩饰斯坦因在这里待了这么久的真实原因。

斯坦因在藏经洞骗得的宝藏，数量庞大，仅文书就装满了7箱，绘画和刺绣品共300多幅。他于1907年6月12日离开莫高窟，于6月17日到达安西，将藏经洞文物存放在安西直隶州衙门，然后前往万佛峡考察，7月22日下午到达甘州，于9月25日左右返回安西，取回六月份寄放在安西衙门的17箱古代手稿等。

由于斯坦因在敦煌的骗盗行为并没有泄露，他便给王道士写了一张字条，蒋孝琬拿着字条又秘密地去了一次千佛洞。不知道蒋师爷是怎么跟王圆箓说的，我们只知道这一次蒋师爷收获颇丰，从王道士处得到了230捆手稿，大体包括3000件经文，绝大部分是汉文佛经和藏文佛经。这一次所得，甚至比斯坦因五月、六月所得的总和还多。

斯坦因的行李车停在敦煌县城一寺庙前

当斯坦因在县城看到蒋师爷的马车逐渐走近时，他顿时高兴得在地上蹦跳起来，大声说要好好地奖励蒋孝琬，并兴奋地围着马车转了一圈又一圈。最后，斯坦因把装满写本的 24 口箱子和另外 5 口很仔细地装满了画品、绣品以及其他美术遗物的箱子，运送到了英国伦敦。当所有箱子最终抵达伦敦大英博物馆时，斯坦因终于长出了一口气，此生无憾矣。

回到印度之后，斯坦因受到了政府有关部门的欢迎。皇家亚洲学会孟买分会将旨在纪念约翰·坎贝尔爵士而设立的东方研究金质奖章颁发给他。第二次探险结束后，斯坦因于 1911 年 11 月写出了这次考察

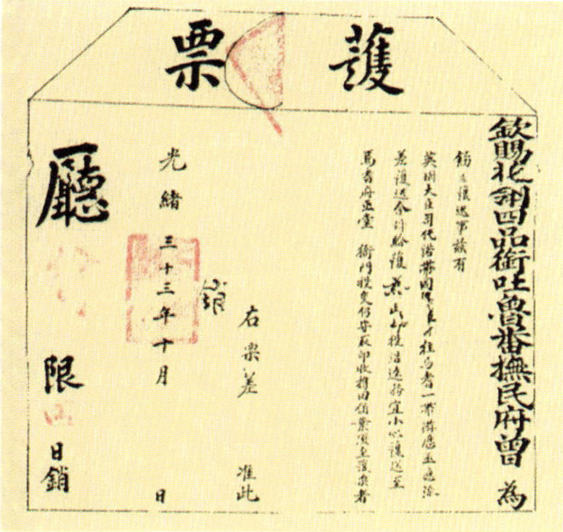
護票
欽加花翎四品銜吐魯番撫民府曾 為
飭知護送事茲有
右票差
准此
光緒三十三年十月 日
廳
限 日銷

斯坦因由吐鲁番赴焉耆的护票

《斯坦因西域考古记》

的个人笔记——两卷本的《沙埋契丹废址记》，1912年在伦敦出版；其正式的考古报告是《西域考古图记》，又译为《塞林提亚》，副题为“在中亚和中国西陲考察的详细报告”，共5卷，于1921年由英国牛津大学出版社出版。当有人询问起这一次成功的经验时，斯坦因不禁回想起王道士，于是打趣一般地告诉对方，这一切都来源于自己辛勤的工作以及佛祖的恩赐……也许，还有中国道士的帮助。

在地球的另一端，道士王圆箓高兴地使用斯坦因施舍给他的总共不超过130英镑的钱开始了他的复兴大业，王圆箓时不时地想起斯老爷，想着如果还有机会再见的话，一定要问问斯老爷的名字怎么写，要给他刻到功德碑上去。

伯希和精挑细选了重要文书

斯坦因捷足先登后，紧接着来了法国人伯希和。伯希和是世界上著名的汉学家（“汉学”又称“中国学”），他盗去了敦煌遗书中最为菁华的部分。

伯希和是谁呢?

1878 年，伯希和出生于法国巴黎的一个商人家庭，他中学毕业后进入现代东方语言学院学习汉语。这个现代东方语言学院从属于法国汉学中心，法国汉学中心始建于 1814 年 12 月 11 日，在原先的法兰西学院设立了汉学讲座，从此之后，整个 19 世纪中，法兰西学院是法国唯一研究中国历史、文学、语言和文明的学术机构，对法国的汉学研究，甚至对整个欧洲的汉学研究都有决定意义，这也是西方高等院校第一次把汉学列为正式学科。此时法国的中国学术权威沙畹正在汉学中心主持中国学讲座。伯希和在语言学校的成绩优异，在中国学讲座后多次向沙畹教授请教问题，获得了教授的欣赏，从而成为中国学家沙畹的弟子，开始了他的中国学道路。

1899 年伯希和被选拔为印度支那古迹调查委员会的寄宿生，来到越南河内，主要从事西贡市（今胡志明市）一带的风土文化研究。1900 年，这个学会改为法兰西远东学院，伯希和成了这里的第一批成员。1900 年 2 月，由于他潜心研究汉籍目录版本、熟悉汉语文献，被派来北京为法兰西远东学院图书馆和博物馆收集藏书。1901 年，年仅 23 岁的伯希和受聘为法兰西学院汉语教授。1904 年，伯希和回到法国，不久又返回河内。

伯希和

这个时候，欧洲及俄国的一些考察家、探险家纷纷涌入我国西北地区，连续发现了许多古代遗址，并窃走了我国大量的稀世珍宝，给我们带来了巨大的伤痛。对此眼红的人为数不少，法国的中国学研究者也不甘落后。于是，由法国金石和古文字科学院以及亚细亚学会出面，组织了一个考察我国西北地区的法国考察团，法国金石和古文字科学院负责印度支那古迹调查委员会的专业指导工作，因此伯希和顺理成章地被选拔为这个考察团的团长。

与藏经洞三次擦肩而过的总统队友

伯希和的中国西北考察团计划被批准后，法国政府接下来的工作就是为考察团铺平道路。

首先要解决的就是取得国际中亚考古学探险协会的中央委员会同

意。这个委员会成立于1902年9月10日，是汉堡大会上通过的第14号决议案。该决议案宣布，正式成立“中亚和远东历史学、考古学、语言学与民族学探险国际协会”（简称“国际中亚考古学探险协会”），并任命了俄国、法国、英国、德国、荷兰、丹麦、瑞典、挪威、芬兰、奥地利、匈牙利、瑞士、意大利、美国等14个国家的26名学者为协会的国际委员会委员，负责会后在各国组建国别委员会。该决议案还规定，“国际中亚考古学探险协会”的俄国委员会行使中央委员会职责，领导所有的国别委员会，总部设在俄国圣彼得堡，挂靠于俄国外交部。“国际中亚考古学探险协会”的成立宣告了近代中国考古学起源阶段的终结，也开启了近代中国文物外流的高潮，在中国文物外流史上起到了推波助澜的作用。自该协会成立后，中国文物大规模外流的形势日益严峻，文物被盗范围也从新疆不断向东蔓延。吐鲁番文物、敦煌文物、黑城文物等具有重大历史价值和艺术价值的中国古代珍宝，陆续被劫往英、法、美、日等十几国的数十座博物馆中。

曼纳林

正在此时，俄国刚刚经历过日俄战争（1904—1905年），对战争进行分析之后，俄国人认为未来清朝与俄国也难免一战，为了提前准备战争策略，俄国军事机构非常想获取中国西北的各种资料，他们需要一位间谍来帮助收集相关的军事资料。当俄国军事机构发现伯希和考察团筹备的考察线路正好符合他们的军事需要时，迅速决定安插一名间谍进入伯希和考察团来完成这个任务。

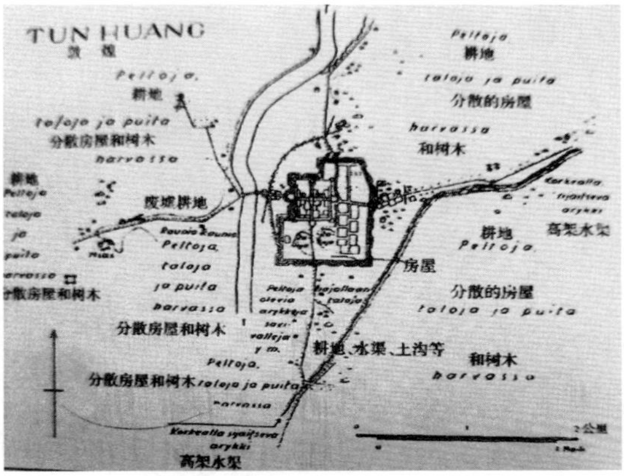

曼纳林绘制的敦煌周边地图

俄国安排了出生于芬兰大公贵族家庭的曼纳林进入伯希和考察团。1906年春天，俄军总参谋部给曼纳林下达了间谍任务，命令他沿着中国的西北边疆和北方边疆，从固定的行军路线上搜集资料和军事统计数据，地域包括新疆、甘肃、陕西、河南、山西以及内蒙古……为了战略的目的，曼纳林必须调查通往喀什噶尔的道路，以及再经过兰州通往北京的道路，为的是找到一条将骑兵和独立的、装备有各种武器的部队运送到兰州的最好途径。这些便是曼纳林的总体目标……最后还要评估一下将兰州作为一个军事基地是否合适。

曼纳林接到这个任务后，于1906年7月29日到达安集延，与伯希和考察团会合。8月30日考察团到达喀什噶尔。经过一个月的互相排斥和争吵，到达喀什噶尔后，伯希和和曼纳林两支队伍都不愿意再忍耐对方，两队分道扬镳。10月6日，曼纳林队伍离开喀什噶尔，完成新疆的考察之后，于1907年7月24日到达迪化，即今乌鲁木齐。在乌鲁木齐，曼纳林拜访了新疆的大小官员，其中与因义和团运动而被发配到新疆的皇室成员载澜交往最为密切。四个多月后伯希和从新疆官员和载澜处获得了敦煌发现藏经洞的消息，并因此取得了大成就，

曼纳林在兰州

但是未见载澜或其他人告知曼纳林这一消息的记录，这是曼纳林与藏经洞的第一次擦肩而过。

曼纳林团队在新疆考察结束后，于9月25日到达吐鲁番。在吐鲁番考察期间，曼纳林考察了许多古代遗址，获取了大量吐鲁番文书。之后，于10月25日到达哈密。恰巧，从敦煌返程的斯坦因此时正在哈密对截获文物重新装箱，他把离开安西前新获的文书装在了12个箱子里。但曼纳林与斯坦因并未碰面，距离真实情况最近的一次机会就这样溜走了，这是曼纳林与藏经洞的第二次擦肩而过。

离开哈密之后，曼纳林团队于11月9日到达安西，11月14日到达敦煌县城。曼纳林将军的回忆录中记录，他曾到达莫高窟并参观了藏经洞，但是他的日记却并未记载此事，于是引起了学者的关注。从曼纳林日记11月20日的记录来看，11月18日曼纳林的确准备出发前往莫高窟，可是在路上将军发现了猎物，于是去打猎，谁知打猎花费了太长时间，没有时间再前往千佛洞，最终与藏经洞擦肩而过。这是距离最近的一次错过，正是这一次错过，成就了之后匆忙赶来的伯希和。而曼纳林则于1944年至1946年就任芬兰第一任总统。

“汉学大师”伯希和在敦煌

伯希和的考察团只有三个人。其中，伯希和负责考古、语言和历史，路易·瓦扬博士分管地形、地质、植物、动物，还有一位是摄影师查尔斯·努埃特。到达中国后，伯希和又雇佣了一些随行人员。

1906 年 6 月 15 日，伯希和率领考察团离开巴黎，搭乘火车经由莫斯科和奥伦堡，十天后抵达塔什干，7 月 29 日到达安集延，然后进入中国，8 月 30 日到达喀什噶尔。由于伯希和的首要目的是库车，因此在喀什噶尔短暂停留后，考察队便向库车进发。六个星期后，他们到达库车，在库车共进行了八个月的考察，收获了目前伯希和库车收集品和伯希和梵文收集品的几乎全部的文献资料。

库车考察之后，他们转移到乌鲁木齐，准备补充生活必需品之后越过沙漠前往敦煌。这时，他们还不知道敦煌藏经洞发现遗书之事，只是计划去敦煌进行拍照，并对千佛洞的壁画和塑像进行研究。伯希和于 10 月 9 日至 12 月 12 日在乌鲁木齐休整，同时拜访当地官员。伯希和从伊犁将军长庚和原广西提督苏元春那里得知甘肃敦煌发现藏经洞的消息，还看到了一些藏经洞文献。在一次新疆官员的宴会上，伯希和认识了曾经见过藏经洞文物的收藏家裴景福，并讨论过藏经洞绢画。最让伯希和记忆深刻的，却是被发配到新疆的清室皇族载

伯希和带领的考察团

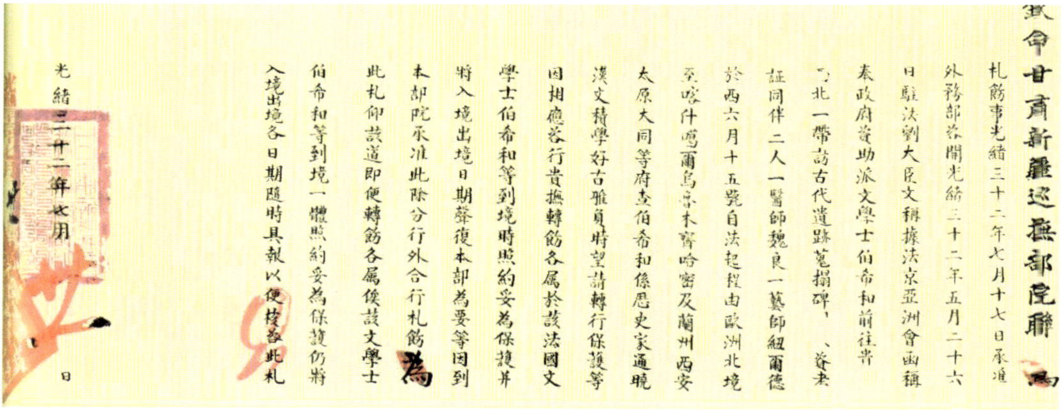
欽命甘肅新疆巡撫部院聯 為
札飭事光緒三十二年七月十七日承准
外務部咨開光緒三十二年五月二十六
日駐法劉大臣文稱據法京亞洲會函稱
奉政府資助派文學士伯希和前往中
西北一帶訪古代遺跡蒐搨碑、、資考
証同伴二人一醫師魏良一藝師紐爾德
於西六月十五號自法起程由歐洲北境
至喀什噶爾烏魯木齊哈密及蘭州西安
太原大同等府查伯希和係歷史家通曉
漢文精學好古雅負時望請轉行保護等
因相應咨行貴撫轉飭各屬於該法國文
學士伯希和等到境時照約妥為保護并
將入境出境日期聲復本部為要等因到
本部院承准此除分行外合行札飭 為
此札仰該道即便轉飭各屬俟該文學士
伯希和等到境一體照約妥為保護仍將
入境出境各日期隨時具報以便核咨此札
光緒三十二年七月 日

伯希和等人赴新疆游历的札文

澜赠送给他的一部藏经洞出土的《法华经》，此举促使伯希和改变了既定的考察计划，迫不及待地赶赴敦煌藏经洞，于 1908 年 2 月到达安西，2 月 14 日到达敦煌县城，2 月 25 日他首次前往莫高窟。

谁知，王道士又进城化缘去了。伯希和一刻也不想耽搁，于是他安排瓦扬绘制地形图，请努埃特照相，他自己则抄录作为断代鉴定主要根据的题记，描绘每个石窟内的壁画，但是这样的工作并不能使伯希和安心。他每天无数次地在藏经洞门口徘徊，焦急地等待着王道士回来。实在等不及了，伯希和便从莫高窟出发去敦煌县城寻找王圆箓。

此时，王圆箓已经利用斯坦因布施的款项开始了莫高窟下寺太清宫地面建筑的施工，当伯希和在县城找到他时，他发现伯希和压根不知道斯坦因购买经卷之事，这就给他吃了定心丸，认为这些洋人都能保守秘密。他心里明白这个洋人也不单单是为拍摄壁画而来。但这些洋人都是怎么知道的呢？王圆箓摇摇头，不让自己去想那些复杂的问题。

伯希和拍摄到的初见莫高窟

此时的王圆箓已经具备了一定的交流和谈判技巧，于是他让伯希和先行返回莫高窟，他要随后看看县城有没有什么风声。伯希和走后，王圆箓又在县城花了半天时间化缘，见到熟识的人还特意攀谈几句。王圆箓发现根本没人在乎洋人来县城找他的事情，于是才慢悠悠地回了千佛洞。

还未走近，伯希和已经远远地出来迎接他了。两人一起往回走，王圆箓边走边说伯希和的中国话说得好，伯希和则直白地说想看看藏经洞里的宝贝。王圆箓扭头瞥了一眼伯希和，不再作声，两人默默地往回走。这一瞥让伯希和有点找不到方向，眼前这个道士的眼神是什么意思？是警告、轻蔑，还是拒绝？

其实王圆箓一直在思考怎么回答伯希和。

当王圆箓向伯希和展示太清宫的建筑时，他向伯希和提起了斯坦因。无非指着砖说是斯大人布施的，指着瓦说是斯大人布施的，木头椽

伯希和考察队在莫高窟

子也是斯大人布施的。伯希和不明白为什么一直在说另外一个人，只好闷闷地跟在王圆箓后面。这样的情绪，让伯希和有点惴惴不安。

王圆箓见伯希和一直不吭声，又没有一个得力的翻译能够传话，顿时也想起翻译的好来。他苦闷着一张脸，就差直接问伯希和你能给我做点什么了。伯希和一下子醒悟过来，连忙掏着自己的口袋，没摸出值钱的东西来。他指了指自己的行李，大声说他可以帮助王圆箓盖房子，盖大的房子。伯希和边说边用手比画着，这下王圆箓笑了，他笑着点点头。王圆箓不知道伯希和的心里早已百转千回，无论他提出什么条件，伯希和都会答应的。

1908 年 3 月 3 日，王圆箓带着伯希和打开了藏经洞的门，早有心理准备的伯希和还是被眼前的一幕惊呆了。伯希和眼中闪着明亮的光，兴奋地在地上转了几圈，反复地对王圆箓说“我要给你盖房子，盖大大的房子”，神经质似的取出包裹，拿银子递给王圆箓，王圆箓满意地揣着银子就走了。

伯希和在回忆文章中说，本以为藏经洞发现已经八年有余，里面的藏经估计已经不多了，谁知他看到小小的藏经洞里堆放着两三大堆高过人头的经卷，粗略估计有一万五千卷至两万卷。

如果要细细地翻阅一遍，大约需要六个月时间，这是现实不允许的，于是他决定粗略快速地翻检一遍所有的文书，看看当中有没有学术界还不了解的新资料。

在之后的三个星期，王圆箓没有打搅伯希和，伯希和一直在进行文书的挑选。在挑选中，他把卷子分为两类，一类是其中的菁华，不论多么艰难，也要不惜一切代价弄到手;另一类为凡品，也很需要，但并不是必不可少的。他还经常把自己最喜欢的精品偷偷藏在外套里带回住处。

检查到了后期，伯希和已经对经卷心中有数了，而王圆箓也不允许他一直专注于文书了。

于是，伯希和一边继续细细地查看每一张纸片，一边跟王道士接洽购买与布施的事情。就这样，经过大约每天 1000 份的紧张挑选，他基本上将剩余的文书检查了一遍。

按照他的选取标准，他将佛教《大藏经》未收录的佛教文献、带有年代的文书、非汉语文书搜罗一空。

接下来就是更为艰辛的购买过程了，讨价还价和谈判是在王道士和伯希和两个人之间秘密进行的，甚至连伯希和的助手都没有参与。

与之前一样，王道士仍然要求所有人对藏经洞之事绝对保密。伯希和当然答应了。

伯希和在藏经洞中挑选遗书精品

最终，伯希和以500两白银（约90磅）的价钱购得了所有挑选出来的文书。伯希和所获文书当中，除了数目可观、质量精良的写经之外，还有220多幅绘画品、21件木雕、丝织品残片、画幡和经帙等。特别值得一提的是，伯希和还在莫高窟北区的第181窟、第182窟（敦编464窟、465窟）的积沙中，发现了许多西夏文、回鹘文、藏文文献。

5月30日，伯希和考察队带着丰富的宝藏离开了莫高窟，他们经过兰州、西安、郑州，于1908年10月5日抵达北京。他派助手将绝大部分所获藏品运往巴黎，自己携带一箱样品途经上海、无锡、南京，于12月中旬返回河内。

在南京，伯希和与著名的藏书家缪荃孙会面，伯希和无意间说到藏经洞藏经的事，但当他想起王圆箓的嘱托和自己并不光彩的作为，便马上不愿多说了。缪荃孙在日记中记录到伯希和说藏经洞里有唐人写经7000余卷，但因伯希和并未多说，缪荃孙仅说“奇闻也”，便再没有别的话了。1909年伯希和结束了河内法兰西远东学院的工作，拟任法兰西学院中亚学讲座教授。

1909年5月，伯希和从河内再度来华为法国国家图书馆购买图

伯希和考察队在莫高窟考察时住的洞窟（拍摄于 1908 年）

书，途经上海、南京、天津，在南京期间，伯希和拜访了两江总督端方与缪荃孙。

这一次，缪荃孙笑着问道："老兄，上次讲唐人写经的事还没有说完呢。您这一次回法国不知道什么时候才能见面啊，您一定给我说说，不然我这心里的小老鼠啊挠啊挠，挠得兄弟心里痒痒的啊。"

众人大笑，伯希和知道这一次是躲不过去了，再加上文书已经安全运达，于是就向大家详细叙说了藏经洞之事。

伯希和于 8 月中旬抵达北京，正当其完成购书使命，准备启程回国之际，伯希和敦煌得宝的消息已在北京学术界传开。

缪荃孙

伯希和于 1908 年 2 月拍摄的王道士

首先知道此事的是与端方、缪荃孙等关系密切的董康，经他介绍，罗振玉、王国维等学者于中秋节赴伯希和住处拜访参观。

罗振玉、王国维等人急切地来到伯希和的住处，开门见山地说想看看唐人写经。伯希和明白这些学者们爱书心切，当即拿出了随身所带文书。众人拿到文书后，翻来覆去地细细查看，边看边轻声交谈着，讨论文书的价值。过了好久，众人齐齐地向伯希和行跪拜礼，伯希和忙扶大家起来。

落座后，众人相互对视了一下。对视的时间虽那么短，但相熟的他们明白对方的眼神蕴含着坚定、鼓励，甚至坦诚。

德高望重的罗振玉先生对伯希和说："您真是好眼光，这些唐人写经真是好东西啊。"伯希和这个中国通有什么不明白的呢，于是他谦卑地笑了笑说自己运气好而已。

旁边有人帮腔说："这么大的中国，就正巧让您遇上了。也是好事，好事，没有遗失掉啊。"这个声音的主人迅速扫视了一眼全场，似乎在等什么。又一个声音似乎不甘让话题停下来，马上接着说，也是大家的福分，今天能在这里得见这些好东西。其他人也没有停下来的意思，或大声对着大家说话，或小声互相说话，声音恰好让伯希和听见。所说的无外乎古书啊、功劳啊、辛苦啊等等，大家都明白话头儿要一直传下去。

罗振玉（右）与王国维（左）

伯希和一边笑着应和，一边反复说："运气，运气。"

直到有一人试探着问，想抄写一份，众人一下子安静下来，都用期盼的目光看向伯希和。伯希和环顾众人一圈，清清楚楚地、一字一顿地应允下来说，大家不必客气，这些都可以随便看、随便使用。

终于大家松了一口气，于是这天罗振玉、王国维两位先生安排众人影印伯氏所携文书 8 种，传抄 1 种，并与伯希和协商，准备将其已运回巴黎的敦煌经卷全部拍照印刷。伯希和全都应允。

10 月 4 日，北京的部分学者及官员在六国饭店设宴招待伯希和。在招待会上，侍读学士恽毓鼎举杯致辞，并希望伯希和回国之后将重要文献拍照，寄还中国。伯希和表示说学问乃天下之公器，希望拍照誊写等要求肯定办到。

伯希和所获文书现存于法国国家图书馆，艺术品现藏于法国吉美

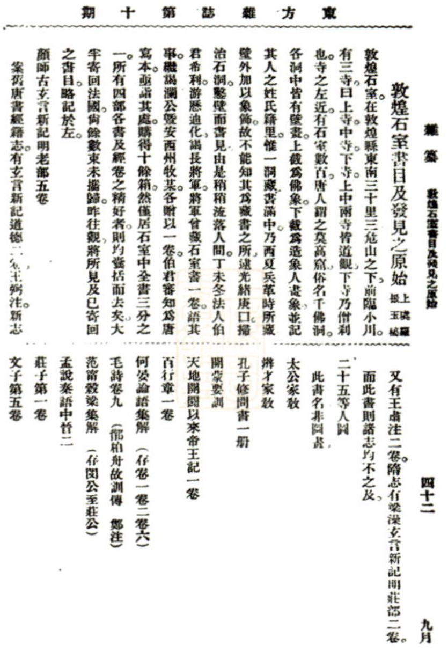

東方雜誌第十期

雜纂　敦煌石室書目及發見之原始

敦煌石室書目及發見之原始　上虞 羅振玉

敦煌石室。在敦煌縣東南三十里三危山之下。前臨小川。有三寺。曰上寺。中寺。下寺。上中兩寺皆道觀。下寺乃僧刹也。寺之左近。有石室數百。唐人謂之莫高窟。俗名千佛洞。各洞中皆有壁畫。上截爲佛象。下截爲造象人畫象。並記其人之姓氏籍里。惟一洞藏書滿中。乃西夏兵革時所藏。壁外加以象飾。故不能知其爲藏書之所。逮光緒庚□。掃治石洞。鑿壁而書見。由是稍稍流落人間。丁未冬。法人伯君希利游歷迪化。謁長將軍。將軍曾藏石室書一卷。語其事。繼謁瀾公暨安西州牧某。各贈以一卷。伯君審知爲唐寫本。亟詣其處。購得十餘箱。然僅居石室中全書三分之一。所有四部各書及經卷之精好者。則均囊括而去矣。大半寄回法國。尚餘數束未攜歸。昨往觀。將所見及已寄回之書目。略記於左。

顏師古玄言新記明老部五卷

案舊唐書經籍志。有玄言新記道德二卷。王弼注。新志又有王肅注二卷。隋志有梁澡玄言新記明莊部二卷。而此書則諸志均不之及。

二十五等人圖

此書名非圖畫

太公家教

辨才家教

孔子修問書一册

開蒙要訓

天地開闢以來帝王記一卷

百行章一卷

何晏論語集解（存卷一卷二卷六）

毛詩卷九（邶柏舟故訓傳　鄭注）

范甯穀梁集解（存閔公至莊公）

孟說秦語中皆二

莊子第一卷

文子第五卷

四十二　九月

载于 1909 年《东方杂志》第十期的罗振玉《敦煌石室书目及发见之原始》

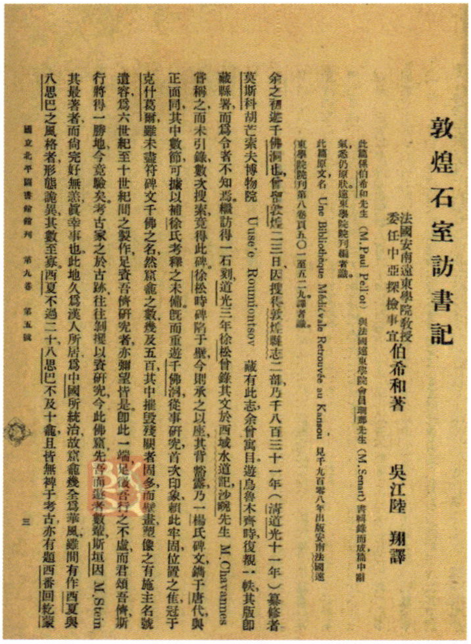

敦煌石室訪書記

法國安南遠東學院教授 委任中亞探檢事宜 伯希和著　吳江陸 翔譯

此篇係伯希和先生（M. Paul Pelliot）與法國遠東學院會員瑚那先生（M. Senart）書簡錄而成，篇中闕氣悉仍原狀。遠東學院院刊編者識。

此篇原文名 Une Bibliothèque Médiévale Retrouvée au Kansou 見一千九百零八年出版安南法國遠東學院院刊第八卷頁五〇一至五二九。譯者識。

余之初至千佛洞也，曾留敦煌二三日，因搜得敦煌縣志二部，乃千八百三十一年（清道光十一年）纂修者。莫斯科胡芒索夫博物院 Uuse'e Roumiontsov 藏有此志，余曾寓目，遊烏魯木齊時，復覩一帙，其版即藏縣署，而爲令者不知焉。繼訪得一石刻，道光三年徐松曾錄其文於西域水道記，沙畹先生 M. Chavannes 嘗稱之，而未引錄。數次搜索，竟得此碑。徐松時碑陷于壁，今則承之以座，其背畢露，乃一楊氏碑文，鐫于唐代，與正面同，其中數節，可據以補徐氏考釋之未備。既而重遊千佛洞，從事研究，首次印象，頗此牢固，位置之佳，冠于克什葛爾，雖未盡符碑文千佛之名，然窟龕之數，幾及五百，其中摧毀殘闕者固多，而壁畫塑像之有施主名號遺容，爲六世紀至十世紀間之製作，足資吾儕研究者，亦彌望皆是。即此一端，足徵吾行之不虛，而君頌吾儕斯行將得一勝地，今竟驗矣。考古家之於古跡，往往制擾以資研究，今此佛窟，先吾而至者數輩，斯坦因 M. Stein 其最著者，而尚完好無恙，眞幸事也。此地久爲漢人所居，爲中國所統治，故窟龕幾全爲華風，雖間有作西夏與八思巴之風格者，形態詭異，其數至寡，西夏不過二十，八思巴不及十龕，且皆無裨于考古，亦有題西番回紇蒙

國立北平圖書館館刊　第九卷　第五號　三

1935 年发表的伯希和《敦煌石室访书记》

博物馆。虽然他仅仅骗购了 6000 余卷文书，但是作为汉学大师以及他独特的挑选标准，他选取的都是最具研究价值的精品。同时，他当时在石窟中的拍照、对于每个石窟的描述以及对壁画题记的整理都给后学极大的方便与借鉴。

在敦煌学史上，是伯希和让中国的学术界耳目一新，见识到了敦煌文献的魅力，也是伯希和堂而皇之地拿了我们的宝贝又心安理得地接受中国人卑微的宴请，更是伯希和大言不惭地跟学者们说学问乃天下之公器，但是文献公开这条路我们一走就是近百年。

藏经洞劫余文物入藏北京

国人始见文书

将骗购文书安全运往法国后，1909 年 5 月，拟任法兰西学院中亚学讲座教授的伯希和，从河内再度来华为法国国家图书馆购买图书，准备买好之后取道返回法国。他于 1909 年 8 月中旬抵达北京。然而正当其完成购书使命，准备启程回国之际，伯希和敦煌得宝的消息已开始在北京学术界传开，北京的学术界立即行动起来了。

说到这里，肯定有同学会问，明明是斯坦因率先于 1907 年掠走了大量文书，为什么到伯希和劫掠文书之后，1909 年中国学术界才有所耳闻呢？

实际上，斯坦因从敦煌骗购文书后，继续在中国新疆进行考古发掘，于 1908 年 11 月 13 日正式结束这一次的中亚考察。伯希和则是 1908 年 10 月抵达北京，结束探险，两人几乎是同时结束探险的；斯坦因的中亚考察是从英属印度进入中国新疆，在新疆、甘肃两地考察完毕后，又返回新疆出境，而伯希和是从俄国属地进入中国，一路考察新疆、甘肃，经陕西、河南、直隶等地到北京托运收集品，再加上斯坦因是印度学家，与中国学术界并无联系，考察路线也未经过中国内地，而伯希和是汉学家，与中国学术界联系密切，所以伯希和探险的消息率先被中国学术界获知，并由中国传到日本。

但是总的来说，斯坦因与伯希和敦煌得宝的消息几乎是同时被中国学术界知道的。当中国学术界得知伯希和敦煌得宝的消息时，斯坦因的中亚考察消息从英国辗转日本传到了中国。1909 年 7 月、9 月号的英国杂志《地理学学报》发表了斯坦因关于第二次中亚探险的讲演稿，日本学者藤田丰八于 1910 年元旦前后将这篇文章的后半部分寄给了中国的罗振玉，开启了中国学术界了解斯坦因的历程。

首先知道伯希和敦煌得宝的人，是学部咨议官王式通和刑部主事董康，二人在美国朋友福开森的介绍下观赏了伯希和随身携带的藏经洞文书。此外，一位日本的汉学爱好者田中庆太郎也听说此事并慕名拜访了伯希和，伯希和出示了随身携带的几十件文书。这些炫人眼目的珍品，像唐写本、唐写经、唐刻及五代刻的经文、唐拓本等，引来了北京士大夫学者和对古书感兴趣的人的相继拜访，见到带来的珍品，参观者无不惊讶。参观者中就有国学大师罗振玉、王国维等人，他们在中秋节的上午拜访了伯希和。罗振玉在伯希和处见到敦煌遗书后，大为惊奇，如获至宝，立即就伯希和所带的部分卷子写了一份提要——《鸣沙山石室秘录》，刊入《国粹学报》。他又约其他同志一道影照残卷 10 余种，编为《敦煌石室遗书》一书，由武进董康诵芬室刊行。

几天后，10 月 2 日，罗振玉给《京报》主持人、学部咨议官汪康年写了一封信，信中报告说有一极可恨、可喜、可悲之事，就是敦煌

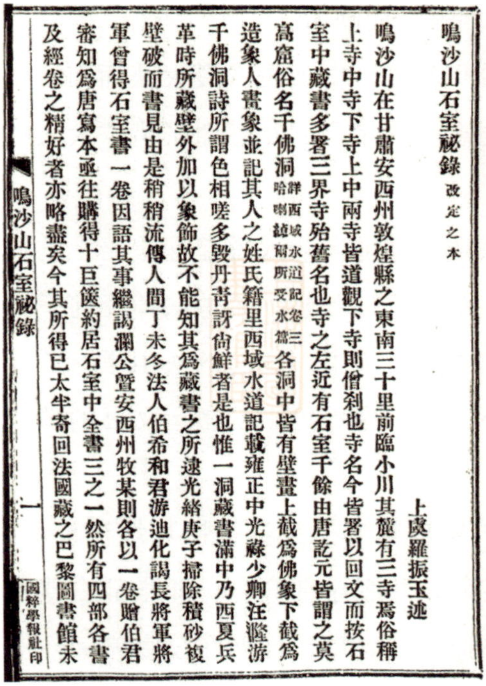

鳴沙山石室祕錄 改定之本

上虞羅振玉述

鳴沙山在甘肅安西州敦煌縣之東南三十里前臨小川其麓有三寺爲俗稱上寺中寺下寺上中兩寺皆道觀下寺則僧刹也寺名今皆署以回文而按石室中藏書多署三界寺殆舊名也寺之左近有石室千餘由唐訖元皆謂之莫高窟俗名千佛洞詳西域水道記卷三哈喇淖爾所受水篇各洞中皆有壁畫上截爲佛象下截爲造象人畫象並記其人之姓氏籍里西域水道記載雍正中光祿少卿汪漋游千佛洞詩所謂色相嗟多毀丹青詡尚鮮者是也惟一洞藏書滿中乃西夏兵革時所藏壁外加以象飾故不能知其爲藏書之所逮光緒庚子掃除積砂複壁破而書見由是稍稍流傳人間丁未冬法人伯希和君游迪化謁長將軍將軍曾得石室書一卷因語其事繼謁瀾公暨安西州牧某則各以一卷贈伯君審知爲唐寫本亟往購得十巨篋約居石室中全書三之一然所有四部各書及經卷之精好者亦略盡矣今其所得已太半寄回法國藏之巴黎圖書館未

鳴沙山石室祕錄 一

國粹學報社印

1909 年《国粹学报》登载的《鸣沙山石室秘录》

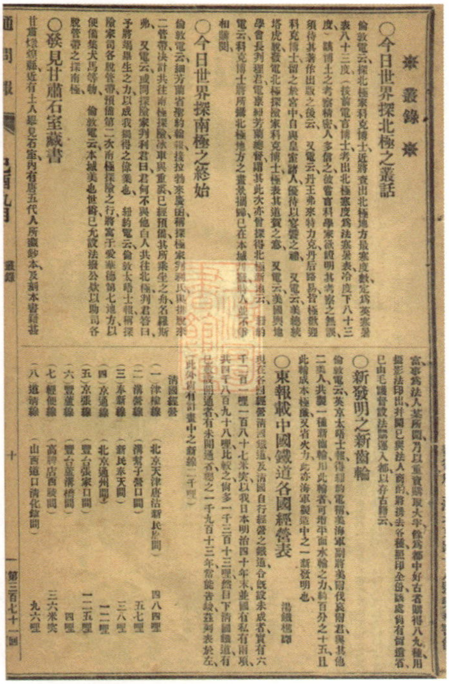

叢錄

○今日世界探北極之叢話

○今日世界探南極之終始

○發見甘肅石室藏書

○新發明之新齒輪

○東報載中國鐵道各國經營表

第三百七十一回

1909 年《通问报》登载的敦煌石室藏书消息

石室所藏唐五代写本之事。可恨的是伯希和已经把所得文书大部分运回国了;可喜的是他随身携带的一小部分已经被影印，也正在商量已运走文书的拍照事宜;可悲的是据说莫高窟现还有余存若干，但是不知是不是还在。罗振玉给时任学部咨议官的汪康年写这封信的主要目的，是希望学部可以出面接洽购买剩余文书。学部没有让罗振玉失望，10 月 4 日，北京 24 名知名人士为伯希和举办了豪华的欢迎大会，宝侍郎（宝熙）、刘少卿（刘廷琛）、徐祭酒（徐坊）、经科监督（何劭忞）、恽学士（恽毓鼎）、江参事（江翰）、吴寅臣、蒋黻、董比部（董康）等人出席了欢迎会，遗憾的是罗振玉因感冒而缺席。

席间，恽毓鼎代表众人向伯希和举杯，祝贺伯教授大获而归。众人纷纷举杯同贺，频频点头表示同意。伯希和回礼感谢了诸位大人的盛情，遂一饮而尽。

众人宴饮甚欢，伯希和多次兴致勃勃地向众人说起探险路上的故事与收获，当说到敦煌莫高窟时，众人屏住呼吸，生怕漏掉任何一个字。当伯希和说起连续多日在洞窟中翻检文书，扬起的灰尘重新盖在剩下的文书上时，在昏黄的油灯下，他好像看见当初搬运文书的那些人再次把文书放回了藏经洞。

半晌，听众们才回过神来，如梦初醒般相互交头接耳地议论说，洞里还有文书。得到伯希和的肯定后，三名学部高官，即学部右侍郎宝熙、国子丞徐坊、京师大学堂总监督刘廷琛，当即在公宴席间作出学部给陕甘总督府拍发电报的决定。

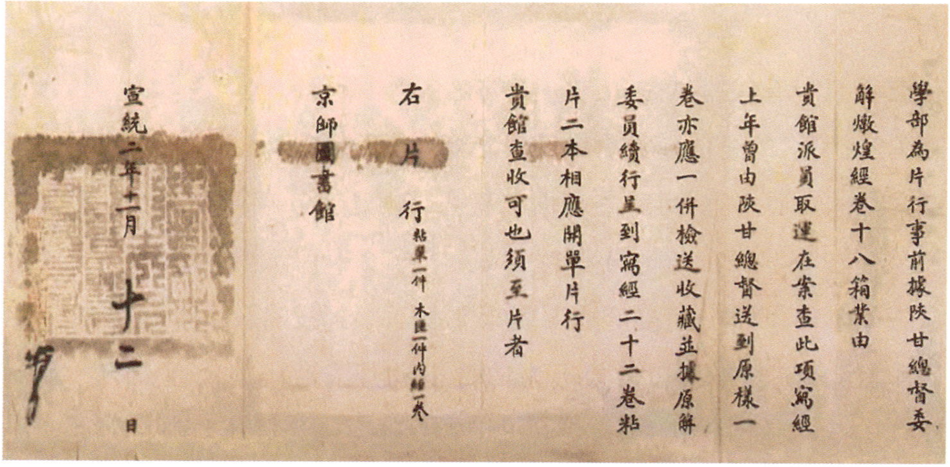
學部為片行事前據陝甘總督委
解燉煌經卷十八箱業由
貴館派員取運在案查此項寫經
上年曾由陝甘總督送到原樣一
卷亦應一併檢送收藏並據原解
委員續行呈到寫經二十二卷粘
片二本相應開單片行
貴館查收可也須至片者
右 片 行 粘單一件 木匣一件內貯一卷
京師圖書館
宣統二年十一月 十二 日

清宣统二年（1910 年）学部拨交敦煌遗书档案

次日，学部就给陕甘总督拍发了电报。学部致电甘肃:“行陕甘总督，请饬查检齐千佛洞书籍，解部。并造像古碑，勿令外人购买。”同时，京师大学堂也给甘肃发电表示愿意出资购买剩余文书。电报发出一月后，甘肃省就复电学部和大学，说已购妥，共 8000 卷，3000 元。之前，学部因经费紧张不愿出资，但看见只需要区区的 3000 元，于是与大学争抢，最后由学部出资购买，文物亦归学部所有。

劫余文献再遭劫

当日晚宴之后，敦煌仍有古物的消息不胫而走。

此时正值被清廷派遣出使比利时的李盛铎考察结束，归国复命。李盛铎是谁呢？他学问很好，在光绪十五年（1889 年）中进士，任职翰林编修，就是皇帝的文学侍从，是清廷的亲贵，很受皇帝的重视。李盛铎出使结束正好于当年 10 月回京复命。出国考察回来的李盛铎在眼界和人气方面更胜一筹，整日高朋满座，很快就听说了敦煌藏经的消息。在欧洲游历近一年的李盛铎已经对考古出土物的价值有了一定的了解，于是就想起了自己的两位亲家，其中一位就是当日也出席了伯希和晚宴的京师大学堂总监督刘廷琛。刘廷琛向李盛铎细细解说了敦煌文书的来龙去脉，也一并告诉李盛铎，他本打算将文书收归大学来细细察看的，谁知杀出个学部，硬是抢走了文书的购买权。

李盛铎捻着胡子思忖了片刻，安慰刘廷琛说:“不碍事，不碍事。该是你的就是你的。”

刘廷琛稍稍一欠身，等待着李盛铎继续说下去。

李盛铎轻轻地端起茶杯喝了一口茶，吩咐下人不用伺候了。回头

李盛铎

跟刘廷琛拉起家常，说起回京这么久，还没见到另一位亲家何彦昇呢。接着又说老朋友、老亲家、老伙计们，是该常走动走动的。刘廷琛一边喝茶，一边絮絮地说："何兄不是不想来见你，他在直隶烦闷着呢，怕自己身上尽是晦气，影响了大人。"于是又细细地说起了何彦昇在官场的不如意。

刘廷琛深知他们是拴在一条线上的蚂蚱，就说要助何兄一臂之力。李盛铎沉浸在他的思绪中并不回应。

学部确定了敦煌遗书的购买事宜之后，正值何彦昇荣升甘肃布政使，学部便委托何彦昇担任接收和押解的工作。

何彦昇带了亲家李盛铎的外甥江西人傅宝华担任押解官，负责从甘肃敦煌押解经卷至北京。

傅宝华起初认为这是一件苦差事，没有油水可捞，不愿前往。何彦昇只好说，这不仅是他一个人的意思，也是李盛铎的意思。傅宝华连忙地解释说自己不是不想跟随大人，而是这么一趟老远，不如留在京城自由自在来的痛快呢。何彦昇讳莫如深地告诉他："就瞧好吧，这一趟啊准有你的好处。"

何彦昇安顿好了家人，临出发前带着儿子一起去跟亲家李盛铎辞别，李氏又是与何彦昇一番密谈，只知两人比比画画谈了很久，最后满意告别。

到了甘肃后，何彦昇在位于兰州的甘肃布政使司公干，傅宝华满心欢喜地去莫高窟接收文书，幻想着立了如此大功，好处自然是多多的。他颐指气使地耍官老爷的派头，指挥着随从们抓紧时间装车，全然不顾那些文书被跟班们漫不经心地、乱七八糟地塞进大车里。当他押着 6 辆大车启程出发的时候，仍然是满眼笑意，丝毫没有看见王道士在一旁谨慎地注视着这一切。

虽然交差心切，但当运载着藏经洞文书的大车快要到达北京时，傅宝华故意走得越来越慢，还派了一个侍卫先去何家报信，趁着即将天黑，他以夜晚不便移交为由，把车拉进了打磨巷的何家。何彦昇之子何震彝收到消息早已准备妥当，遂将大车接至家中，安排随从们在别处安歇了。待其岳父李盛铎及刘廷琛、京师大学堂教授方尔谦等人摸黑过来后，几人就在家里偷选敦煌文书，将残卷中精美漂亮的文卷私自保留。众人选取数目不少，怕数目凑不齐 8000 卷，而后又把卷子中比较长的，破坏截割为多段，以充 8000 之数，最后将 6 辆大车平均装好，于深夜各自回家。

第二天一早才由傅宝华拉车前去学部复命，最终经过仔细清点，移藏学部立京师图书馆的卷子总数是 8697 号，民国十八年（1929 年）移交北平图书馆时增为 9871 号。

这一次傅宝华在何家、李家都立了功，奖赏自然是少不了的。傅宝华美滋滋地等着继续升官发财，谁知方尔谦盗得的经卷马上就流到市场上，社会上一时间热闹起来，纷纷议论李、何、刘偷窃文书之事。事情败露后，学部右侍郎宝熙上奏，力主追究押运官傅宝华的责任，将傅宝华缉拿关在北京。傅宝华没想到他居然落到如此境地，但也再

罗振玉收藏敦煌写经之木盒内题字

无他法，只好计划装聋作哑、一问三不知。谁知此时正遇上辛亥革命爆发，都没有人查问他。最后经人说情，以“风流罪过”一语盖过，后以“事出有因，查无实据”结案，傅宝华安然无恙地出狱，其他相关人等均平安无事。敦煌学史上的一段公案就这样不了了之了。

运京文书中的菁华大多被何氏、李氏所占有。这批文书也没有逃脱流散的命运。方尔谦所盗窃的遗书当时就流到了市场上，有些经卷被剪开出卖，有些质量上乘的则被要以高价，罗振玉部分收藏就是购自方尔谦。何震彝所藏文献在其去世后，于1918年被罗振玉全部收归囊中。何彦昇旧藏敦煌石室唐人秘籍66种，则盖有“何彦昇家藏唐人秘籍”“合肥孔氏珍藏”“德化李氏凡将阁珍藏”三家印章，从所记目录及文书印记看，这批经卷几经流转，经何氏、孔氏之手才转归李氏，最后收藏于日本京都藤井

德化李氏凡将阁珍藏

有邻馆。李盛铎所窃，根据李盛铎自己编录的《李木斋氏鉴藏敦煌写本目录》记载，他“收藏”的敦煌写本共有 432 件，但也未妥善保存。据 1935 年 12 月 15 日及 21 日《中央时事周报》刊登的《德化李氏出售敦煌写本目录》所载，李盛铎的敦煌古卷 432 件，已经“以八万元日金售诸异国”某氏，其实就是卖给了日本人，现存于日本杏雨书屋。日本杏雨书屋共藏敦煌写本 700 余件，以李盛铎藏卷为主体，现已成为当今世界上的第五大、日本国内最大的收藏单位。

王圆箓私藏了文书吗？

按理说，劫余文献运京，应当是风平浪静了，但是谁知一波未平一波又起，那边押运官监守自盗案还未有公论，这边就传说王道士私藏了文书。更有甚者在《甘青宁史略》当中说敦煌知县陈泽藩受命去莫高窟清点经卷，令王道士大吃一惊，私下对徒弟说是不是盗卖经卷东窗事发了，徒弟安慰王道士说，师父大可放心，来这里买经的一个是英国人，一个是法国人，后来又来了两个日本人，就算将来真的要对簿公堂，他们都远隔万里，没有证据，不会有差错的了。于是王道士安下心来，跟徒弟又私藏了一部分文书。这段记录现在看起来不甚可信，毕竟在1910年学部发文清点文书之前，日本人根本就没有来过，这一段话应当是小说家之言。但是我们又不难相信，不做亏心事不怕鬼敲门，王道士能在神不知鬼不觉的时候打开藏经洞，也有可能在月黑风高的晚上私藏文书。《甘青宁史略》中记载的必然是坊间有鼻子有眼的传说。

根据学者的研究，认为王圆箓在当时手头还是有一部分文书的。

有明确记录说伯希和1908年首次到达莫高窟看到喇嘛们正在第351窟内往两个大木桶中装经书制造转经筒，其中一个已经装满了蒙古人带来的藏文写本，另外一个伯希和认为应该是往里装一些藏经洞出土的汉文写本。这两个转经筒当时也是引起了清点官员的注意。1909年10月，陈泽藩向上司汇报了转经筒的情况，并在两个转经筒上加封官方封条。1910年10月，申瑞元继任敦煌知县，于1911年1月给王圆箓写了一道谕文，要他小心看守转经筒。至于两个转经筒中装的究竟是不是藏经洞文书，这很难判断。因为从时间上来说，斯坦因走后王道士应该意识到这些经卷是可以换钱的，未必轻易拿出来。另外，没有任何迹象表明在彼时王圆箓有私藏文书的必要。再次，伯希和在记录中说他到达莫高窟的时候王道士出门化缘了，藏经洞的钥匙由王圆箓亲自保管，如果这时喇嘛们手里保存有藏经洞文书，那么管理实在太混乱了，藏经洞文书外流就不仅仅从王圆箓身上着手了。但是从当时官府就地加封的情况来看，要完全否认转经筒中没有藏经

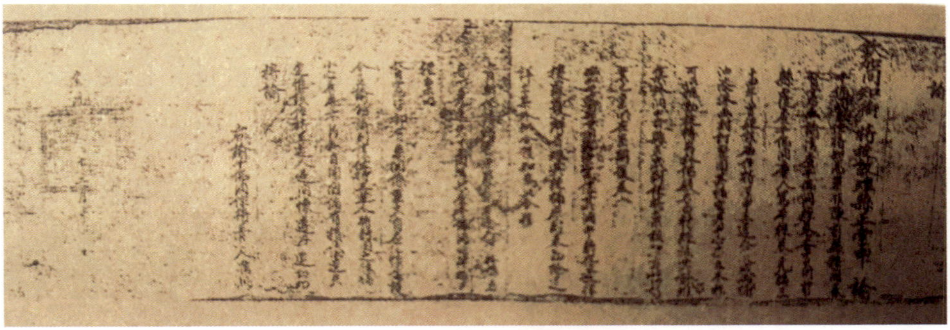

申瑞元 1911 年 1 月给王圆箓的谕文

洞文书也是不现实的，也许是有蛛丝马迹的情况指向转经筒。

藏经洞文书运京之后，莫高窟还是有一些残片的。远在北京的罗振玉听说整卷的文书运往北京，但是当地还有很多残片并未押运，于是他在给两江总督端方的信中说此消息来源可靠、应当不误，应早日发电购买。

藏经洞文书运京前后，敦煌的当地官员们也是在不失时机地趁火打劫，中饱私囊。居首的就是时任安肃道台的廷栋。廷栋收藏被学术界称为“廷栋旧藏”，廷栋死后家中的 60 箱财物被查抄，包括藏经洞文书 600 卷以上，其中绝大部分都是王圆箓出卖或转移给他的。甚至在日本人吉川小一郎 1911 年 12 月 23 日的记录中，就有王圆箓前去衙门出售经卷的记录，此时距离敦煌文献运京已快两年，王圆箓还有经书可出售，可见他还是夹带有私货的。廷栋藏经只是冰山一角，敦煌当地其他官员都被指藏有藏经洞文书。

到 1944 年 8 月 30 日，新成立的国立敦煌艺术研究所在土地庙的佛像中发现了一些写本。据当时的亲历者夏鼐记录，土地庙的泥像应是清末或民初的东西，但是里面除了写本之外，听说还有俄文报纸残片。曾经有学者怀疑土地庙文书就是王圆箓私藏的铁证，但随着对文书的进一步研究以及学者对土地庙佛像的来源追溯，基本可以肯定这几座佛像应该是唐时期的古物，与王圆箓没有关系，王圆箓对此也完全不知情。

由于学术资料的不完备与尚未完全公开，1910 年以后来莫高窟的日本人、俄国人、英国人都或多或少地得到了部分藏经洞文书。英国人斯坦因第三次中亚考察所获敦煌文书确定来自王圆箓，关于俄国人得到文书的途径现在不可知。那么，王道士到底有没有私藏文书呢?

大谷光瑞考察团来干什么？

大谷光瑞（1876—1948 年）是京都西本愿寺第 22 代宗主，他的家族是日本净土真宗青鸾的嫡传后裔，他是本愿寺第 21 世法主明如上人的子嗣，后接任了法主职位。法主是日本对得道高僧的尊称，有近一千万信徒施舍财物供养。

大谷光瑞自 1899 年起赴伦敦游学，因其曾在亚洲和欧洲的旅行经历，被推选为英国皇家地理学会会员。作为未来的日本佛教领袖，大谷光瑞非常关注佛教的遗物遗迹。1902 年，大谷光瑞派遣考察队前往印度调查佛教遗迹，于 1903 年 1 月的某天清晨，根据阳光照射确定了佛教圣山灵鹫山的位置，印证了唐玄奘的记录。在英国期间，他与欧洲的学术界保持着密切的联系，接触了以探险为名掠夺中国文物而出名的“学者”，如莱博、海蒂因、斯坦因等，参观了各国博物馆，看到了各个探险队从中国掠取的各种文物，产生了浓厚的兴趣，也曾专门去向斯坦因了解探险的有关问题。

斯坦因在他的工作室里接待了大谷光瑞，请大谷光瑞参观了自己

大谷光瑞

的收集品。大谷光瑞不失时机地向斯坦因提出了想组队到中亚去挖掘古代佛教遗迹的事情，斯坦因提醒说前往中亚考古是一件很辛苦、很困难的工作，搞不好会丢掉性命的。大谷光瑞则表示作为一个佛教徒如果不能为佛教事业去努力奋斗的话，那么又怎么践行佛教的精神呢？他希望斯坦因能够在考古事业上为他作一番具体的指点。斯坦因略沉默了一下，说考察最需要的是勇往直前的勇气和一点点运气，当走在荒无人烟的戈壁滩上时，有时候会怀疑、会犹豫，不知道这条路是不是对的。但是当你满载着收集品，从那荒无人烟的戈壁滩再走出来时，你会可笑自己之前的动摇与犹豫，似乎那时候的你是一个幼稚且可笑的小丑。

斯坦因沉浸在自己的情绪中，接着说，任何不经过自己的努力，而想简简单单获得的都是小丑。听到这里，聪明的大谷光瑞已经明白了斯坦因的意思，他没有像原计划那样提出其他的请求，就客气地告辞了。

当时，许多国家的学者公布了中亚考察的发现和研究成果，引起了各国学者的极大兴趣，在世界上掀起了一股来中国西北探险的热潮。可探险却是一项花费很大且极度艰辛的工作，许多探险队都是由国家有关部门筹资组织才能得以成行的。1902 年至 1914 年，大谷光瑞组织了三次赴中国西北的考察团，这个考察团是大谷光瑞个人的事业，一般被称为大谷光瑞考察团。由于此时日本和英国签署了《日英同盟》，共同在远东地区牵制俄国，再加上大谷光瑞的特殊宗教身份以及英国皇家地理学会会员的身份，大谷光瑞考察团一直都受到英国的关注，多次在地理学会主办的刊物上刊登大谷光瑞考察团的有关消息。

1902 年至 1904 年大谷光瑞考察团的第一次考察，实际是 1902 年大谷光瑞结束伦敦的学习，在回国途中的考察，主要的考察目标是中国新疆的古代佛教寺院遗迹。大谷光瑞及团队成员渡边哲信、堀贤雄、本多惠隆、井上弘圆、藤井宣正、渡边专次郎等自伦敦出发，经柏林、莫斯科，乘火车东南行，然后越帕米尔，于 9 月 21 日到达喀什噶尔。渡边哲信和堀贤雄留在新疆，进行西域考察，大谷光瑞带领其他人赶在大雪封山之前去印度考察佛教遗迹。因此，大谷光瑞考察团的第一次中亚考察是渡边哲信和堀贤雄进行的。他们于 1903 年 1 月到达和阗，然后又北上阿克苏，3 月到达古迹众多的库车，对其周边克孜尔、库木

大谷光瑞考察团与英国事务官等在喀什噶尔的合影

吐拉千佛洞和通古斯巴什、苏巴什等古迹遗址进行考察，9 月 3 日到达吐鲁番，发掘了阿斯塔那、哈拉和卓古墓。考察吐鲁番后，他们到达乌鲁木齐，再经哈密、兰州、西安，于 1904 年 5 月携带收集到的库车文书回国，从而结束了大谷光瑞考察团的第一次中亚考察。

我们不难看出，这个考察团从乌鲁木齐经哈密前往兰州的途中，经过了敦煌，由于他们在库车滞留的时间比较长，对于日后的路费是否够用，心里很忐忑，虽然早已听说了敦煌千佛洞的壮观却不敢前去探访，所以失掉了这次机会。渡边哲信在回忆里写道:“这真是千古的憾事。”他们此次回国之后，大谷光瑞先在现在神户的大谷家别邸设立了佛迹巡拜编纂所，后又为了存放考古收集品专门修建了神户另一处

神户二乐庄

别邸，并将其命名为二乐庄。

1908 年至 1909 年是大谷光瑞考察团的第二次考察。这次大谷光瑞派遣近侍橘瑞超和野村荣三郎二人前往中国西北。这一年橘瑞超才 18 岁。他们于 1908 年 6 月 16 日从北京出发，出张家口，北越戈壁，进入外蒙古，考察了鄂尔浑河畔突厥、回鹘、蒙古等游牧民族的遗迹。然后从库伦（今乌兰巴托）南下鄂尔多斯，越阿尔泰山，考察了天山北麓的唐王朝北庭都护府遗址。10 月 26 日，考察团进入乌鲁木齐，11 月初到达吐鲁番，他们对吐鲁番盆地的交河故城、木头沟、伯孜克里克、吐峪沟千佛洞、阿斯塔那、哈拉和卓墓群等古代遗址进行调查发掘，劫获了丰富的宝藏。

1909 年 2 月，他们两人在库尔勒分手。野村荣三郎沿着北道，经库车、阿克苏，到达喀什噶尔。

与此同时，大谷光瑞在日本见到了访日的瑞典探险家斯文·海定。斯文·海定是中国西北考古探险的“老前辈”，并首次发现了楼兰遗址。正是这一次会面，使得大谷光瑞得知了楼兰遗址的准确经纬度，并发电报告诉了橘瑞超，指示他前去挖掘。

橘瑞超在楼兰遗址工作了大约一个月时间。在斯文·海定和斯坦因已经发掘过的遗址里，发现了两份古代文书，是前凉西域长史关内侯李柏的书信草稿，这

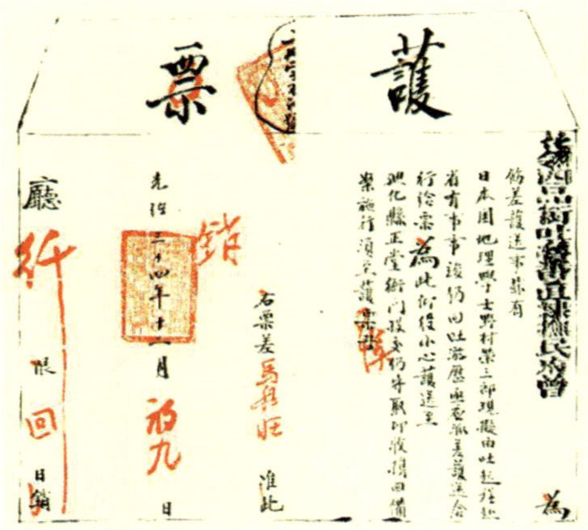

野村荣三郎由吐鲁番赴迪化（乌鲁木齐）的护票

斯文·海定在书房中写作

两份文书就是后来著名的《李柏文书》，这是出土文物中首次出现正史记载人物的文书，具有深刻的历史意义。这个发现使得斯坦因耿耿于怀，后来再次探访楼兰遗址时，还专门查看了李柏文书的出土地，在文章中记录说橘瑞超的运气非常好，似有不平之气。

橘瑞超结束楼兰的考察后，沿南道西行，到达喀什噶尔，与野村荣三郎会合。然后他们在叶城和莎车做了些零星的发掘后，于 9 月 30 日离开莎车前往印度。10 月 18 日翻越喀喇昆仑山，10 月 27 日到达列城，11 月 5 日在斯利那加与在克什米尔访问的大谷光瑞会合，从而结束了大谷光瑞考察团的第二次中亚探险。

第二次探险结束后，由于日英的劲敌俄国已经派遣鄂登堡进入中国西北探险，为了不落在俄国人后面，大谷光瑞与橘瑞超立即开始着手准备下一次探险。

第三次中亚探险开始于 1910 年 8 月，结束于 1914 年，是西本愿寺的最后一次探险考察。大谷光瑞考察团的第三次中亚探险仍然是从英国出发的，起初只有橘瑞超带着英国仆人霍·布斯前来，谁知仆人在半途患天花去世了。橘瑞超便只好只身前往和阗发掘古物。1911 年中国爆发了辛亥革命，局势不稳，大谷光瑞由于很久没有收到橘瑞超的

八一〇三

八一〇五

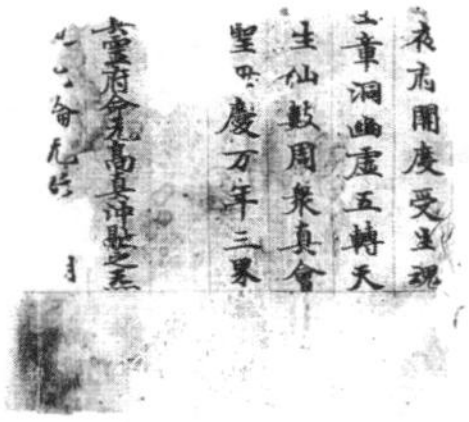

八一〇四

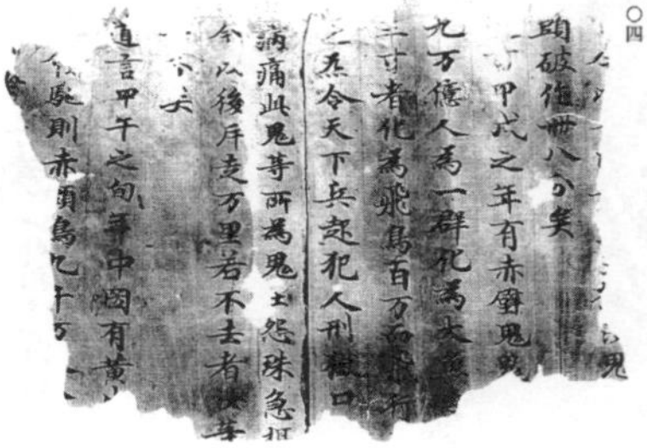

図版五八

附　李柏文書関係
李柏文書断片

八〇〇一

八〇〇五

八〇〇六

八〇〇二

八〇〇三

八〇〇四

八〇〇七

図版五九

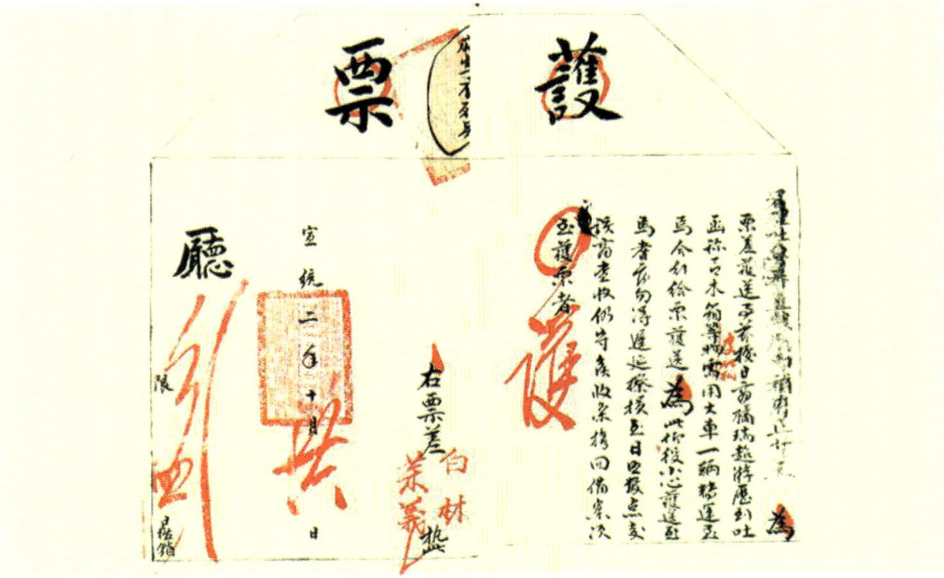
護票

廳

宣統二年十月 日

右票差

橘瑞超由吐鲁番赴焉耆的护票

吉川小一郎

消息，难免担心，于是在1911年5月派遣吉川小一郎经上海、汉口到达兰州并在西北进行寻找。

吉川小一郎于1911年9月14日到达安西，9月15日在安西电局委员李又庚家里第一次看到藏经洞文书，9月17日李又庚赠送给吉川小一郎一部唐经。吉川小一郎于1911年10月5日到达敦煌，住在一个维吾尔族人家，10月6日在敦煌衙门见到橘瑞超的行李。于是他一方面派人四处寻找橘瑞超，并向新疆各地打电报寻找橘瑞超，一方面又趁等待橘瑞超的机会骗购敦煌文书。吉川小一郎可以说是最早在敦煌莫高窟活动的日本人。

根据吉川小一郎的《敦煌见闻》披露，10 月 10 日，他带随从去了千佛洞。吉川在日记里写道："打算和僧人交流，获取藏于此洞的唐经。经过长时间的商谈，终于达到了目的。"

"阿弥陀佛！"包藏祸心的吉川小一郎一见到王圆箓，就利用自己的僧侣身份，什么都不说只是念佛号。

王圆箓已经算是见过世面的了，见来人说话的腔调不像是中国人，也不敢贸然应话，轻轻地作了一揖，什么都没说。

许久，吉川小一郎露出了他的僧人身份，自我介绍说是从日本国来东土求取真经的，愿施主成全。

王圆箓一时间没听清楚，随从们再三重复后，终于明白了，原来这个和尚是从日本来的。

真是个和尚？！这个发现让王圆箓心里一跳，佛祖又派人来了吗？

接着两人进行了长时间的商谈，吉川小一郎终于达到了目的。王圆箓同意卖给吉川小一郎一些文书，但在吉川小一郎的日记中未见价钱与交易等记录，说下一次

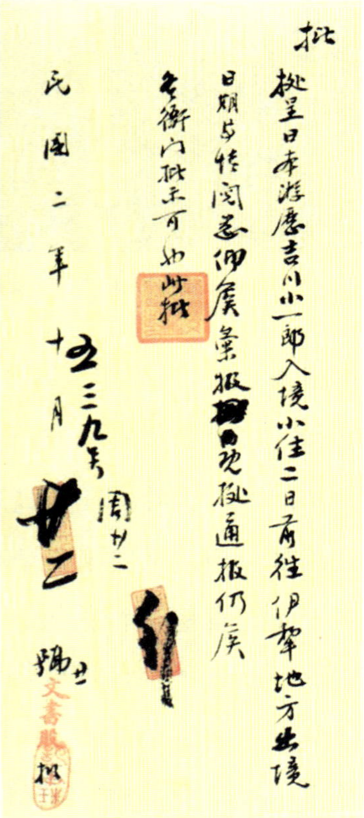
批
批呈日本游历吉川小一郎入境小住二日前往伊犁地方出境
民国二年十一月

吉川小一郎入境的批文

吉川小一郎（右）和安西直隶州知州侯葆文（中）、安西电局委员李又庚（左）在一起

再记录。10 月 14 日晚上，维吾尔族人阿米达洪送给吉川小一郎一卷唐经。10 月 16 日，吉川小一郎再次来到千佛洞，进入洞内，取了些经文的残片，并住在莫高窟。他在 21 日的日记中写到，他比较忙，既要监督石拓，又要采集壁画，还要摄影。顾名思义，摄影就是对壁画、对工作过程等进行拍摄，那么采集壁画呢？只有一个解释，那就是剥离壁画。这种损坏性的动作使得莫高窟墙壁上留下了用凿子试图将壁画凿下来的痕迹。23 日早晨，吉川小一郎仔细察看洞窟，在众多的佛像中，选出两尊做工最精巧、损伤也最少的佛像，和王圆箓交涉之后买下了，装入行李。10 月 24 日，吉川小一郎回到敦煌县城。10 月 25

日，王圆箓来住所找吉川小一郎，叮嘱他一定要收拾好那两尊从莫高窟带回来的塑像，千万别被人看见了，万一有人看见，那就是要掉脑袋的。吉川小一郎一方面安慰王圆箓不要慌张，一方面作为感谢，送给他 12 两银子，以此表示对之前招待的谢意。

11 月，王圆箓来县城化缘，听说吉川小一郎一直在等人。

过了一个多月，见吉川小一郎把塑像保护得很好，按捺不住心底的骚动，12 月 23 日，王圆箓来找吉川小一郎，他告诉吉川，为了修理洞窟，他向官府报告了好几次，但因为是非常时期，没能从衙门要到大笔钱。王圆箓告诉吉川小一郎，他真的特别需要钱修理洞窟。那么多好东西在那里放着，怎么能不管呢。吉川小一郎笑着应和着王圆箓，王圆箓压根不知道这些外国人说的宝贝和自己说的宝贝不是一回事。

莫高窟第 444 窟　吉川小一郎写的题记

1912 年元旦，前知县申端元要去肃州，前来告别。作为礼品，送给吉川小一郎一卷唐经。1 月 7 日，王圆箓拿了些像蒙古文字那样的经卷来给吉川小一郎看，但吉川小一郎不会鉴定，要等橘瑞超来再作定夺。

正在此时，橘瑞超装扮成维吾尔族人也正由若羌向敦煌进发。1912 年 1 月 26 日，在敦煌与吉川小一郎相会。两人于 1 月 30 日晚到达千佛洞，住到 2 月 1 日傍晚。曾经访日的敦煌学家王冀青先生在著作中说，橘瑞超与吉川小一郎此行主要是为购买经卷。在王冀青先生获得的资料中，有吉川小一郎 1 月 31 日到 2 月 4 日的日记，详细记载了两个日本人半强买半抢劫的耍赖过程。1 月 31 日，他们去看千佛洞，王道士携来经卷 40 多卷，道士的态度好像正在搬运盗窃的赃物一般，问他是否还有别的经卷，他返回又拿来 40 余卷。2 月 1 日，行将离开的橘瑞超和吉川小一郎二人闯进王道士的房间去搜寻经卷，打开他的柜子看见有很多唐经，跟他商量后把这 169 卷堆到马上带走。2 月 2 日，王道士来他们的住所讨要钱款，双方说好以 300 两购买之前的 169 卷，但当天只兑现了 100 两，约定等再拿来完整的经卷时付剩余的 200 两。2 月 3 日，王道士带着不知从哪里搞来的 200 个卷子来到他们的住所。2 月 4 日，王圆箓又来讨

《橘瑞超》

橘瑞超（左一）与敦煌房东在一起

要剩余的 200 两钱款，房东斜倚着瞪了王道士一眼，义正词严地警告王圆箓千万别惹恼了自己的客人。王圆箓匆匆进去，敲响了吉川小一郎的房门。吉川小一郎正在桌上书写着什么，看到王圆箓眼珠子一转，假装不知道王圆箓的来意，反而逗着他问还有什么宝贝。王圆箓是个直性子，万万没有想到僧人装扮的吉川小一郎一点都不仁慈。他把那要账修窟建功德的车轱辘话说了一遍又一遍，总是不见吉川小一郎应声，不得不虚张声势地说自己去过县衙，要找官老爷报官。吉川小一郎本想再骗点经卷的，见他说了这么久没说出什么有用的，也不想再跟他浪费时间了，拿出一锭马蹄银恶狠狠地扔到王圆箓脚下，笑里藏刀地威胁说赶紧拿着，不然人赃并获顺便报官，就说谁谁背着县老爷盗卖经书。听见告官，心虚的王圆箓不敢争辩，捡起银子匆匆往外走，在大门口不免又被房东奚落一顿。

橘瑞超和吉川小一郎的驼队驮着藏经洞文物离开中国

2月6日，橘瑞超和吉川小一郎向敦煌知县告别，然后离开敦煌。橘瑞超在安西收到大谷光瑞再次要求回国的信函，于是与吉川小一郎一起经哈密到了吐鲁番。他们在吐鲁番发掘了一些古物后，决定由吉川小一郎继续留在吐鲁番工作，橘瑞超则到乌鲁木齐经西伯利亚铁路回了日本。1913年2月，吉川小一郎也离开吐鲁番，经焉耆到库车，调查了库木吐拉、苏巴什等遗址后，又西进喀什噶尔，南下和阗，北上伊犁，最后东返乌鲁木齐，经吐鲁番、哈密、敦煌、肃州等地，于1914年5月回到北京，7月返回京都，从而结束了大谷光瑞考察团第三次中亚探险，标志着历时12年的大谷光瑞考察团工作结束。

橘瑞超西域探险的收藏品都归出资人大谷光瑞私人所有。1914年4月以后，大谷光瑞收集品的主体，特别是文献资料部分，运到了他在旅顺的别墅。包括敦煌遗书在内的大谷光瑞收集品在1916年由“满铁”交给将于第二年开馆的关东都督府“满蒙”物产馆保存（“满蒙”物产馆的名称屡有变更：1918 年 4 月，“满蒙”物产馆改称关东都督府博物馆；1919 年 4 月改称关东厅博物馆；1934 年 12 月改称旅顺博物馆）。为了它的开馆展览做准备，橘瑞超对“大谷光瑞收集品”进行了整理和登记。以后又经过一些学者的整理、研究，目前，移藏旅顺博物馆的敦煌汉藏文写经有 639 件，另有部分新疆出土的文献和文物。

如果王冀青先生著作中的资料来源可靠的话，那就明确地说明在藏经洞文书运京之后，王圆箓的确有私藏文书，甚至是一大批文书。原本想要卖个好价钱的王圆箓，被两个日本“师弟”欺骗、威胁加恐吓，369 个卷子给了 150 两银子打发了事。

对日本人来说，每次考察实际上都是由两个略通考古的僧侣带队完成的，尤其是声名鹊起的橘瑞超首次踏上中国土地进行考古探险活动时才 18 岁。乍看起来好像大谷光瑞并不是特别地计较得失，但如果大谷光瑞想要的并不是出土文物，那他花费这么大财力、物力究竟是何目的呢？

我们知道，大谷光瑞不仅仅是宗教人士，同时他在近代政坛上也占有一席之地。作为大正天皇的连襟，他在日本享有极高的社会地位。1913 年，受孙中山先生的邀请，大谷光瑞被聘为中华民国政府顾问，此后长期居住在中国，在中国上海修建了一处住宅，取名无忧园。中国抗日战争爆发后，大谷光瑞历任日本内阁参议、内阁顾问等职。

有言论指出，大谷光瑞组织考察团到西北考察探险，是以学术调查研究的目的掩盖其间谍探险的本质，他其实是派遣人员来完成军事勘查任务。无独有偶，周一良先生评价日本另外一位著名的学术界人士内藤湖南时，也说了类似的话。周先生在文章中说，内藤湖南其中一个研究方向是清初的历史地理，其根本的目的是帮助日本了解并占领中国东三省。与此相似的，1906 年斯文·海定想从印度进入中国西藏考察，但是遭到了印度总督明托勋爵的阻拦。斯文·海定在书信中对印度政府表示出来的不理解予以攻击，强调自己身为学术探险家，旅行并不掺杂任何政治意味。我们且不管斯文·海定的考察究竟有没有政治意味，但这些都说明了当时的考察团肯定是带有政治目的，而且不是秘密，中外皆知。

尽管日本学术界也有声音辩白，但是目前我们还没有掌握比较可靠的材料，无法彻底地肯定或者否定这一言论。诸如此类问题，恰恰说明了历史研究的复杂性。历史不仅仅是过去的，同时也与现实有着千丝万缕的联系，敦煌学只是历史学的一个小小代表，一个转瞬即逝却又历久弥新的历史瞬间。

斯坦因又来了

1913 年 7 月，斯坦因带领的第三次中亚探险团离开印度克什米尔斯利那加，于 9 月到达喀什噶尔，10 月 9 日赶往罗布泊方向开始调查。

斯坦因无法割舍对敦煌遗书的想念，于 1914 年 3 月 24 日再次来到敦煌，意外地遇到了在敦煌县城化缘的王道士，王道士那与众不同的背囊很容易被辨认出来。斯坦因激动地老远就在原地招手、呼喊，引起了王圆箓的注意，王圆箓终于认出了斯坦因。王圆箓知道自己是斯坦因在敦煌为数不多的熟人，应该热情点。

王圆箓站在路边跟斯坦因寒暄着，虽然言语很简单，但是这一次斯坦因也看出来了，王圆箓的眼神里没有了往日那种狡猾、狐疑的目光，取而代之的是真诚的注视。斯坦因难掩再次见到王圆箓的意外和兴奋。王圆箓对待斯坦因算得上非常友好，这让斯坦因明白虽然购买经书的秘密不能保持多久，但是这件事并没有影响到王圆箓与敦煌周边善男信女的关系，换句话说，也并没有影响到斯坦因与王圆箓的关系。在交谈中，王圆箓邀请斯坦因到莫高窟做客，斯坦因欣然答应了。

斯坦因（拍摄于 1929 年）

4 月 2 日下午，斯坦因再次拜访了莫高窟，莫高窟跟之前也有点不一样了。在王道士亲切、友好的接待间隙，把斯坦因当作老施主的王圆箓还乘便把他的账目记录展示给斯坦因查看，上面载明斯坦因施给寺院的所有银钱总数。同时王道士还向斯坦因出示了他化缘和接受捐赠的所有款项的开支账目，由此账目可知，当年斯坦因“施舍”给王圆箓的所有银两全都用作修葺庙宇了。王圆箓还给斯坦因指示了用银两修建的新佛堂以及香客下院，言语之间有心满意足的感觉。斯坦因语焉不详地应付着王圆箓，一直在心里盘算着该怎么向王圆箓开口问问经卷的事，于是提出请王圆箓带他到洞窟中看看。

王圆箓带着斯坦因在洞窟中穿行，终于走到了藏经洞附近。斯坦因几次要随行的李师爷帮助自己向王圆箓进行询问，谁知这个冷峻、粗暴、毫无趣味的李师爷，完全不像当年与人谈笑风生的蒋师爷，只是生硬地跟随着，完全不搭话，过了一会儿竟然兀自走了。

斯坦因不得不直接面对王道士。当他看到藏经洞没有挂锁时不解地看向王圆箓，边比画边说：“我记得这里以前是锁着的。”

这一句话立即引起了王圆箓的长吁短叹，他不管斯坦因能不能听懂，自顾自地说着。斯坦因则饶有兴趣地听着王圆箓说起法国的伯希和，又说到剩下的经卷怎么被乱七八糟地放到大车上，那些赶车的官兵又怎么吆五喝六的，临走还给了他一鞭子。此时的王圆箓就像一个孤立无援的老人一样，絮絮叨叨、声音低沉，让人有点爱莫能助。这样的王圆箓和以前精明的他完全不一样，这让斯坦因有点心惊。

许是看到斯坦因没回应，王圆箓这才慢慢解释说，京城老佛爷派了人来拉剩下的经书，可是那些人不长眼呀，中午到了莫高窟，七手八脚地把经书装在车上赶天黑又回去了。期间，王圆箓多次跟领头的交涉，表示要爱惜古书，“佛爷看着呢”，可没人理睬。接着王圆箓便点燃了旱烟，吧嗒吧嗒地抽起烟来。斯坦因沉默地望向他，自己也不知道想听他说点什么，但此时此刻只希望他继续讲下去。过了好久王圆箓又憋出一句:“造孽呀！”

斯坦因已经从先前的情绪中转换过来，又恢复了猎人的心绪，他接着话茬问:“那肯定给了你不少钱吧？”

这一句又引起了王圆箓的抱怨，他表示说官府完全没有给钱，“一个子儿都没给”，说完定睛看着斯坦因，不管能不能听懂，用食指指着斯坦因说:“还是你们洋人好，洋人不哄人，不哄我，不像日本人。”

斯坦因听懂了这啼笑皆非的前一句话，无意追究日本人在这里究竟做了什么，自顾自地大笑起来，拍拍王圆箓的肩膀，告诉王圆箓自己是真诚的朋友，说着还顺势轻轻拥抱了一下王圆箓。这个拥抱虽然是他主动的，但仍然让斯坦因觉得这是自己旅途中为数不多的一次真诚的拥抱。

斯坦因虽然洋腔洋调，但这种友好对王圆箓来说非常受用，他随即在地上敲了敲烟斗，站起来，兴奋地对斯坦因说带他去看点好东西。

斯坦因立刻意识到有好事要降临了。这个发现让斯坦因感到高兴。两人顺着崖壁慢慢往上走，走到一处较隐蔽的洞窟时，王圆箓示意斯坦因跟上，待斯坦因的眼睛适应了洞窟里的黑暗时，他看到洞窟的角落里并排放着两口大木箱。大木箱虽然陈旧，但是保存得完好。

王圆箓献宝似的轻轻地扬扬下巴，斯坦因立即意会了，他蹲下来稍稍检查了一下木箱。王圆箓在身上摸索着，摸出两把钥匙交给斯坦因。

斯坦因先打开靠右的木箱，发现里面整整齐齐地装着经卷。他冲动地想要拿起经卷看看，又立刻住手打开了另外一个箱子，箱子里也是整整齐齐地放着经卷。斯坦因面对着这些意料之中却又令人惊讶的情景，大笑着站起来，在小小的洞窟里转了两圈，眼神里难掩激动地看着王圆箓，却一句话都说不出来。

王圆箓站在一旁等他把那些卷子看了又看，最后又将两口木箱锁好。斯坦因兴奋地搓着手，站在洞窟口向王圆箓表示这些他全部都想要。

王圆箓又恢复了先前的疏离，不为所动地走出洞窟。

说起来也奇怪，之前还亲热得不得了的两个人，一下子各怀鬼胎，沉默地走了回去。斯坦因在记录中伪善地写到，他已经发觉这些经卷是伯希和精挑细选之后的，肯定不会有多么重要的材料了，但是他仍然非常有必要保护那些被王道士朝不保夕地保管着的任何汉文文书，以免它们遭受进一步损失和散落的危险。斯坦因对这些经卷志在必得！同样地，作为老朋友的王圆箓也志在必得。这一次王圆箓没有吝惜他的“外交才能”，斯坦因一次又一次地讨价还价，而王圆箓不为所动，坚持一个卷子 2 两银子，并且暗示斯坦因还有经卷藏在别处。斯坦因一边盘算着，一边坚持把价钱压下来。最终，以 500 两买 600 个卷子成交。但是因为新的李师爷清点失误，实际上获得了 570 个卷子，装满了 4 个大箱子。

1914 年 4 月 13 日，斯坦因在写给友人的信中说，王道士“足够聪明，当转交北京的命令下达时，私自藏下了不少纪念品”。斯坦因这次所得卷子，大部分是敦煌遗书运送北京时，王道士密藏起来未交者，还有一部分是当地官僚窃去和散佚在民间的，当时就已经有人在出售。

总的算起来，斯坦因这一次中亚探险在敦煌莫高窟共收获大约 600 个卷子。他在记录中写道:“我第二次巡礼此地的结果，许我带去的足足装满 5 大箱，有 600 多卷佛经”，言语间充满着自豪与兴奋。

1914 年 4 月 8 日，心满意足的斯坦因与王圆箓在朝阳里告别，离开了莫高窟。斯坦因坐在马车上，耳边响起车轮吱扭向前的声音，心里突然一阵烦闷。这世界人们喜欢车上价值连城的文书，却没人喜欢车下嘈杂的齿轮，就像斯坦因没喜欢过王圆箓，王圆箓也只喜欢斯坦因的钱。王圆箓站在高处，注视着斯坦因的队伍越走越远，而斯坦因却一次都没有回头。王圆箓终于明白了，随着他手中经卷的减少，他会永远失去这个“老朋友”。而斯坦因呢，他转念思考了一个重要的问题，即使王圆箓在官方转运之前私藏了很多“留窝蛋”，在他之前已有橘瑞超获取了数量可观的经卷，如今他又得到将近 600 个卷子，那么王道士的“留窝蛋”到底还有没有呢？其实，斯坦因也不太关心这个问题的答案了，他知道这个地方对他来说已经失去了价值，不会再来了。他万万没有想到，1931 年当他兴致勃勃地第四次来中国探险时，由于中华民国政府出台的文物保护法令及中国爱国知识分子的强烈抗议等

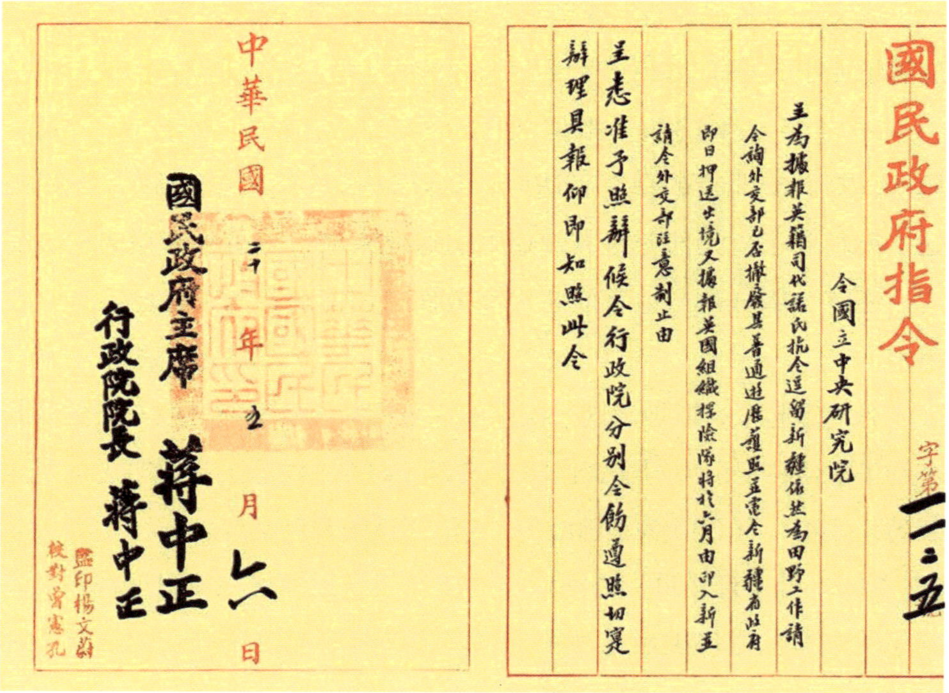
國民政府指令

字第一一二五

令國立中央研究院

呈為據報英籍司代諾氏抗令逗留新疆作其為田野工作請

令飭外交部已否撤廢其普通遊歷護照並電令新疆省政府

即日押送出境又據報英國組織探險隊將於六月由印入新呈

請令外交部注意制止由

呈悉准予照辦候令行政院分別令飭遵照切實

辦理具報仰即知照此令

國民政府主席 蔣中正

行政院院長 蔣中正

中華民國二十年五月六日

監印 楊文蔚

校對 曾憲孔

国民政府就取消斯坦因护照并促其即日出境事给中央研究院的指令（1931 年 5 月 6 日）

其他因素，于 1931 年 2 月，斯坦因被迫停止了在新疆于阗、若羌一带的盗掘古物活动，经库尔勒返回喀什噶尔，并于当年 5 月底由蒲犁（今塔什库尔干塔吉克自治县）边卡出境，无功而返，觉醒的中国人不会让他再来了。

鄂登堡的文书从哪来？

鄂登堡与沙俄考察队的建立

鄂登堡是俄国近现代最著名的佛教艺术史学家。1863 年 9 月 14 日，他出生在俄国札巴衣喀里斯克地区皮昂金村，他的父亲是一位退役少将军官。1881 年，鄂登堡毕业于华沙第一中学，同年考入彼得堡大学东方语言学梵文-波斯语专业，研究梵文和佛学，是俄国汉学家瓦西里耶夫的得意门生。1885 年大学毕业后，因学业优异而留校任教。1903 年 2 月，鄂登堡被选为俄国科学院院士。1904 年起任科学院常务秘书。1916 年 12 月，鄂登堡任俄国科学院亚洲博物馆馆长。1917 年俄国“二月革命”后，他曾任克伦斯基“临时政府”的“教育部长”，一度成为反动统治潮流中的风云人物，1934 年去世。

鄂登堡是劫夺中国敦煌遗书的主谋者和“急先锋”。俄国人觊觎我国西北珍贵的文物与文献资料，首先要从俄国驻喀什噶尔总领事馆的领事彼得罗夫斯基说起。彼得罗夫斯基从 1882 年起就开始担任俄国驻喀什领事馆的总领事，直到 1903 年离任。他在任期间，从塔克拉玛干沙漠的觅宝人吐尔迪、库车商贩古拉姆·卡迪尔等处买来数以万计的文物，全都运回了俄国，交鄂登堡研究。

1898 年，俄国地理协会东西伯利亚分会向东亚派出了由克列门兹率领的第一支科学考察团，并获得了许多考察成果，它给彼得堡带回了 1 世纪佛教艺术品以及汉文、藏文与梵文经卷样品。

鄂登堡根据彼得罗夫斯基和克列门兹所获材料，提请沙皇政府组织一支西域（新疆）综合科学考察团，可是沙皇政府并未立即答复。1899 年 10 月在罗马举行的第十二届国际东方学家大会上，俄国东方学家拉德洛夫介绍了克列门兹在吐鲁番的盗掘活动和劫走的文书，会上一些人“吁请”俄国政府及有关机构继续进行克列门兹的工作，拉德洛夫遂向大会提出了建立一个国际协会的提议。他的提案予以通过，于是决定成立“中亚和远东历史学、考古学、语言学和民族学研究国际协会”（简称“协会”），俄国学者受委托拟订协会的章程草案。1902 年在汉堡举行的第十三届国际东方学家大会审查批准了俄国学者拟定的章程草案，决定由拉德洛夫和鄂登堡负责筹组俄国中心委员会。鄂登堡由此走上了世界考古的舞台。1903 年 11 月 1 日，协会接受了鄂登堡“关于装备克列门兹领导的吐鲁番、库车考古考察队”的建议，俄国委员会的章程草案也经沙皇批准生效，中亚与东亚研究俄国中心委员会遂告成立，并由俄国财政部拨款 5000 卢布作为经费。

1908 年，协会在皇室乡间行宫举办了一次相关的展览，这次展览给人们留下了深刻的印象。于是，政府决定拨出专款用以组织人员进行新的考察，并委托鄂登堡制订一个更大范围和规模的考察计划。1908 年 12 月 16 日，协会就鄂登堡拟订的研究计划和预算，决定组织

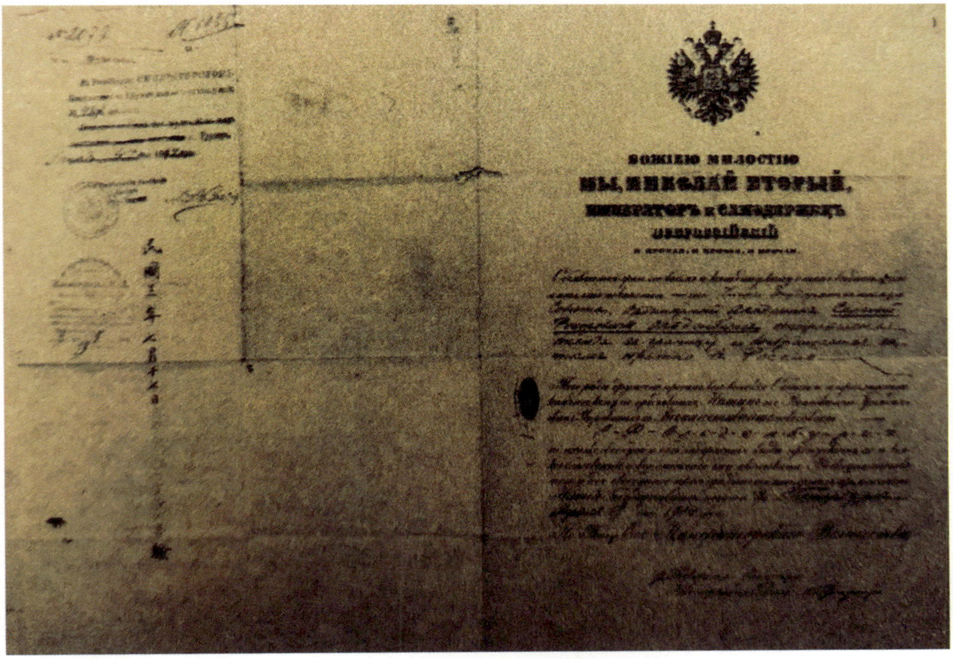
БОЖІЕЮ МИЛОСТІЮ
МЫ, НИКОЛАЙ ВТОРЫЙ,
ИМПЕРАТОРЪ И САМОДЕРЖЕЦЪ
ВСЕРОССІЙСКІЙ

鄂登堡考察队所持护照

一个以拉德洛夫为首的，包括维谢洛夫斯基、克列门兹、鄂登堡、什切恩别尔格等在内的筹备小组，就这一问题做了商讨。然后决定拨款85000卢布进行为期两年的考察。但是1909年只能拨出35000卢布，于是先指派鄂登堡偕同杜丁和另外一个考古学家进行八个月的考察，第二年再派一个规模大一点的考察队。在1909年2月11日俄国协会的会议上，正式宣告政府同意这一计划。

1909年6月6日，以鄂登堡为队长的俄国考察队正式从彼得堡出发，队员有画家兼照相师杜丁、矿业工程师兼地形测绘员斯米尔诺夫、考古学家卡缅斯基、考古学家助手彼特连柯。考察队于6月22日到达楚古恰克后，鄂登堡又雇了翻译霍托。他们考察了喀什、吐鲁番和

鄂登堡考察队合影

库车地区的古代遗存，盗掘劫走了大量考古文物，并从事测量和绘图。鄂登堡就其考察结果在俄国考古学会东方部的一次会议上作了简单报告。这次考察所劫取的文物和资料分存于艾尔米塔什博物馆[①]和东方学研究所档案馆。

由于鄂登堡在新疆考察中劫获了非常丰富的文物考古资料，使沙俄更加垂涎中国西北的宝藏。再加上英、德、法、瑞典等国考察队都相继来到中国西北盗窃劫掠，尤其是斯坦因、伯希和、橘瑞超等人都

① 艾尔米塔什博物馆成立于1764年，所属东方部成立于1920年，鄂登堡对东方部的建立给予过积极支持。该部主要收采、整理和研究东方文物、绘画及其他文献资料。

在敦煌劫获了大量珍贵文书，沙俄政府绝不甘居人之后，便对俄国委员会的拨款骤增，到 1913 年竟达 10 万卢布。

早在第一次新疆考察时，鄂登堡就对科兹洛夫表示，他有前往敦煌的“夙愿”，于是沙俄第二次考察迅速运作起来。1914 年 3 月 9 日，协会同意了由鄂登堡制订的为时一年的莫高窟考察方案。考察队仍以鄂登堡为领队，成员除杜丁和斯米尔诺夫外，还有画家宾肯贝格、民族学家罗姆贝格及十名辅助人员和一名中国翻译，考察的地点就是敦煌莫高窟。

1914 年 5 月，鄂登堡率考察队来到我国敦煌考察劫掠。由于考察队对于敦煌莫高窟觊觎已久，所以提前做了充分的准备，制订了各项工作的详细计划:准确地绘制洞窟总体平面图、层次平面图、剖面图与正面图，确定了摄影对象，对特别重要的东西还要进行复描，并根据原定计划，尽可能详尽地进行洞窟描述。

1914 年 8 月 20 日考察队到达千佛洞。这一次王圆箓并没有出门化缘，正好在莫高窟。王圆箓早早就听徒弟说远远来了一队人，等人群走近了，看清楚了是卷发的外国人，徒弟赶紧跑进去向王圆箓汇报。

得到了消息，王圆箓猜测着，不知道是他的哪位老朋友，斯大人还是伯大人，边猜想着，王圆箓边走出房门，在寺门口站着等待。

等人群走近了，王圆箓眯缝着眼睛看了半天，好像并不认识来人，也许是时间太长记不真切了。不管如何，他在心里暗暗拿定了主意，兵来将挡，水来土掩。

来人里面领头的那个也向着王圆箓的方向张望着。

王圆箓和徒弟们站在门口没有挪步，只见那领头的朝着这边走过来，徒弟们都悄悄地往后退了一步，站在王圆箓的背后。

那领头的直直走过来站在王圆箓面前似乎又辨认了一下，对着王圆箓伸出双臂，见王圆箓没有反应。于是回头，招招手，一个身材魁梧的人小跑着过来，对着那领头的略略一弯腰，跟领头的说了几句话。

只见那领头的用手指着王圆箓说了几句，似乎又是摇头又是点头，这可把王圆箓弄懵了，暗暗打算着要在寺里准备点家伙什儿了，以防万一。

方才想罢，那后来魁梧的对着王圆箓说："老乡好，您就是王道士吗？"

一听是中国话，虽然调子不太习惯，但也算是听明白了。王圆箓机械地对着那人点点头，不知道他们葫芦里卖的什么药。

那魁梧的来人见他点头，又回头看看那领头的，那领头的深深地看了一眼王圆箓然后坚定地点点头。

魁梧的来人对着王圆箓自我介绍说，他是东北人，是这个队伍的师爷。这个队伍是俄国的考察队，久闻莫高窟大名，特来拜访，这个领头的叫鄂登堡。

王圆箓回头跟徒弟们交换了一下眼神，对着翻译轻轻点点头、拱拱手，见鄂登堡正注视着这里，就带着徒弟一起对着鄂登堡拱拱手。

接着就让出门道，把鄂登堡和翻译让进院里。

徒弟们连忙给二人倒了水，拿出一点供果放在桌上，请二人食用。

这个领头鄂登堡不会说汉语，一直是师爷在鄂登堡和王道士之间传话。他跟鄂登堡说几句俄语，又转过来对着王道士说汉语。

王圆箓拿不准这些人究竟来做什么，也不敢多说话。待送二人出门

鄂登堡考察队 1914 年拍摄的第 130 窟南大像

后，才发现其他的来人已经在山崖下搭了一溜儿的帐篷，足有七八个。

回院后，徒弟问王圆箓这些人是什么目的，王圆箓沉思不语，细细地回味着师爷的每一句话，也没想出点什么。随后，叮嘱徒弟们说，一定要嘴上把门儿，留心这些人在做些什么，他要进城做法事去了。

转天，王圆箓就进城做法事去了。到了城里，做完法事，王圆箓特地在县衙各处转了几转，见到处秩序井然，于是放下心来，回到了莫高窟。

王圆箓一进门，徒弟们就关上门说这些外国人在外面画图、拍照。

王圆箓指示说拍照、画图就由他们去，可不能随意拿东西，以往的施主们拿东西都要给佛祖布施的。

说完没一会儿，那师爷和另一个俄国人怀抱了些瓶瓶罐罐的走了进来，说请道士们尝尝。两人走后，徒弟们说师父回来了就是不一样，前几日天天看他们吃，可从没谦让过。

王圆箓心里很受用，嘴上教训徒弟说给祖师爷供完才能吃。

过了没几天，就是八月十五中秋节了，不少县城里的人都提前一两天来莫高窟烧香拜佛。那些富贵人来了，就到王圆箓的下寺、喇嘛的中寺等处留宿，普通老百姓们就在窟里将就将就。

鄂登堡和他的考察队也就停工休息了，整日看着这些人们来来往往、跪跪拜拜。只有那师爷兴许是爱跟人说话，跟这个跟那个，不管有没有打过照面，聊得不亦乐乎。有几次夜深了，徒弟们还看见那些人在外面聊天，不知道几点才散。

这仪式没持续几天，莫高窟又恢复了往日的平静。

那些俄国人继续干活，偶尔听见他们用自己的话大声叫喊、说笑。

只有那师爷似乎比以前来得勤了，有时候跟王圆箓，有时候跟徒弟们有一搭没一搭地说几句，不说话的时候就抽烟，磕烟灰的时候砸得地咚咚咚地响。

王圆箓察觉出来了，这个师爷无事献殷勤，总是挑着自己喜欢的说，虽然心里很受用，但这么多年王圆箓这个县里的头面人物可不是白混来的。师爷说他这里有宝贝，他就说宝贝多得很，满架山都是宝贝；师爷说他功德高，徒弟们也早早地回应说给敦煌人守着这祖宗的窟就是最大的一件功德；师爷说他修建道家寺庙有功，他就说敦煌人就信这个，知道他要盖庙布施的多了。两个人不着边际地绕啊绕，最后绕到了银子，虽说是万恶之源，却叫人喜笑颜开。当师爷说外面的洋人想要布施时，王圆箓却不太能笑得出来了，他知道布施容易，还愿难。徒弟们还不知好歹地“结善缘，结善缘”地说笑着，王圆箓恼火地瞪了徒弟们一眼，大声地说了句“结缘的都要自己发心”，却不知道说给谁听。

不知道又过了多少天，入冬后，天气慢慢冷了，几个俄国人收拾东西收帐篷，王圆箓问那师爷说他们要走了吗？师爷说，这里干得差不多了，分一部分人到别处去，剩下的人继续在这里干。王圆箓沉默地点点头。

天冷了以后，王圆箓在外面转的时间少了，有几天发现那领头的鄂登堡也不在，过几天不知道什么时候他又来了。

有天中午，王圆箓正准备休息，那师爷就在外面大声地喊门。王圆箓纳闷，这师爷以前可从不这样。徒弟们也觉得不对劲，开了门，把师爷迎进来，站在一旁等着他说话。

师爷进来，连坐都不坐，扫了一眼徒弟们，对王圆箓说这些洋人一半个月后就要走了，鄂登堡大人说想要布施寺庙。徒弟们早已见怪不怪了，心照不宣地与王圆箓对视了一下，那眼神似乎在说，果然来了。

那师爷自顾自地说，鄂登堡大人说想带几个这里的东西留个念想，这里里外外就剩下雕塑能拿了，那么又大又重的怎么拿啊，自己早就帮王圆箓摘干净了，道士师父新塑的那些个塑像万万不行，都是十几年的心血了。

鄂登堡考察队在莫高窟所获盛唐绢本绘画残片供养天女

王圆箓赞同地点点头，任由师爷说完又风风火火地走了。

过了一会儿，鄂登堡和师爷一起来了，拿了些碎银子，徒弟笑眯眯地收了，对师爷说，选个日子给鄂大人做一回法事，他有啥求的呀？

师爷跟鄂登堡用俄语说了。鄂登堡笑着看看王圆箓，用俄语回答了好几句。师爷又转过头朝着王圆箓说，天冷了不用专门做法事，外国人其实也不懂。王圆箓思忖了一下就说那等天热了念经的时候给他一起做吧，又转头吩咐徒弟们说："这些天善人们要干啥你们去帮帮忙，别不长眼。"徒弟们忙应了。

鄂登堡考察队 1915 年离开莫高窟

接下来的几天，徒弟们跟着考察队也帮不上忙，就看着他们别把几个新窟里的东西搬走了。

那些派出去的俄国人也回来了，几口大箱子里不知道装了些什么。

整个队伍在一起收拾东西就装了十来天。快过年了，王圆箓劝他们说等过了年再走，过年窟上可热闹得很。鄂登堡说不了，师爷跟王圆箓告了别，队伍就顶着寒风走了。

鄂登堡记录他们离开的这一天是 1915 年 1 月 26 日。他们于当年 4 月底返回俄国，结束了这一次的考察。

他们在敦煌期间，偷绘了 443 个洞窟的正面图，拍摄了 2000 多帧照片，劫走了多幅壁画（片段）、布画、绢画、纸画、丝织品和写本。

鄂登堡考察队返回彼得堡后，他们的资料分成两部分：写卷移交亚洲博物馆（今东方学研究所圣彼得堡分所）保藏，现已编号 18000 余卷；艺术品、地形测绘资料和民族学资料、野外考察记录和日记等存放于俄国博物馆、民族学博物馆、地理学会等各个博物馆。后来几经搬迁，现全部收藏于艾尔米塔什博物馆东方部。艾尔米塔什博物馆的敦煌文物收藏品包括雕塑、壁画、绢画、纸画和麻布画以及丝织品残片等。其中佛幡与麻纸画佛像残卷 43 件，壁画 14 幅，大塑像 4 尊，小塑像 24 尊，织物样品 58 件，写经残卷 8 件，摹图、照片近 2000 张。

俄罗斯科学院东方学研究所所藏敦煌卷子

如今，关于鄂登堡考察队究竟是如何获得这些经卷的，因为没有新资料的公布，我们还不能确定经卷的来源，正如法国敦煌学专家戴密微曾说："当鄂登堡于 1914 年至 1915 年在新疆探险时，我们不知道他是如何搜集到手一批敦煌汉文写本的。在数量方面甚至可以同伦敦、巴黎和北京的那批藏卷相媲美。"只能说据说，鄂登堡考察队在考察过程中，对石窟地面以及掩埋石窟的地面进行了挖掘，发现了大量古代艺术残品和大量古代写经残片。

此外还在王圆箓那里购得一批藏经洞写经残卷、绢画、布画、纸画和织品，另外从当地民众手里收购了一批残卷。也许这样就能解释为什么俄国所藏敦煌遗书中超过二分之一是小于 31 厘米的残片了。毕竟我们早已知道，在 1910 年藏经洞文书运京时一些碎小的遗书被遗弃而留了下来。

华尔纳割走了敦煌壁画

姗姗来迟的华尔纳

华尔纳生于1881年，是美国近现代著名的考古学家和艺术史学家。1903年，华尔纳毕业于哈佛大学地质和考古专业。从哈佛大学毕业后，他就作为拉斐尔·庞泼莱的地质学和考古学远征队的成员，旅行到俄属中亚细亚。在那里，访问了古丝绸之路上的撒马尔罕和布哈拉，同时还访问了当时仍然独立的基辅汗国。他是涉足此地的第一个美国人。1906年，华尔纳留学日本，专攻佛教美术。1910年又在朝鲜、日本调查佛教美术一年。1913年春，华尔纳任教于哈佛大学，在美国首次开设了东方艺术课程。1917年到1923年，华尔纳任宾夕法尼亚博物馆馆长。1923年，年仅42岁的华尔纳已经是一位很有名气的艺术史学家和考古学家了，并且在研究早期日本佛学艺术上，已为自己赢得了国际声誉，此时的他调入了哈佛大学福格艺术博物馆。虽然此时的中国国内局势并不稳定，军阀混战，日常秩序被极大地破坏，但是这个倔强的美国人不甘心其他国家在敦煌有所收获的时候，自己却一无所获，于是华尔纳在哈佛大学福格艺术博物馆的第一项工作就是成立一个到中亚细亚考古的远征队，他自己被任命为队长，成员有宾夕法尼亚博物馆的霍勒斯·杰恩等，再加上之后在北京请的翻译员王近仁和四辆简陋的双轮马车，组成了第一次到中国西北的美国考察队——哈佛大学考古调查团。

华尔纳

1923 年 7 月，华尔纳带领他的考察队来到了中国北京。9 月初，华尔纳一行进入甘肃境内，经过甘肃泾川、内蒙古额济纳，最后于 1924 年 1 月 21 日到达敦煌。当华尔纳到达敦煌千佛洞时，王道士又外出化缘了，但这并没有妨碍华尔纳，他直接进入了有壁画的洞窟里参观。在洞窟里，华尔纳有感于俄国士兵对洞窟的破坏，他在记录里面写道，敦煌壁画是古代中国经历了许多世界的劫难之后，留给人类的独一无二的遗产，是无法替代的珍宝，但那些寂寞的俄国农民士兵却把他们毫无价值的姓名和部队番号刻写在上面。华尔纳起初为这样的行为发火，但后来他意识到一些普通人，他们并不知道自己在干些什么，也不知道自己干了什么。1 月 22 日，在给妻子的信中，华尔纳是这样计划此行的目的——即使折颈而死，也要誓死带回一些壁画局部。在这封信的后面，他居然又大言不惭地说要尽自己的努力，在这个很快要变成废墟的遗址中去挽救和保护任

华尔纳拍摄的敦煌莫高窟第 96 窟民国修复前照片

何一件东西以及每一件东西。人是未知的动物，所以华尔纳知道自己在说些什么吗？他知道自己会干些什么吗？

华尔纳在记录里说自己不过是一个有强烈考古意识的普通人，他想做的事情似乎有亵渎神灵的性质，但是可能性也不大。因为在他看来，那些什么都不懂的普通人懒洋洋地进入洞窟拜谒神灵，拜完之后，在那 9 世纪的壁画上，斜倚着身子，用满是油污的手撑在壁画上，或者顺手用指甲抠那壁画上的裂片，或者用羊皮大衣摩擦着神圣的人物画像，他们才是真正破坏洞窟壁画的人。

王道士化缘回来后，华尔纳和翻译王近仁多次去王圆箓的道庙里拜访，带去了不少礼物表示敬意，最主要的还是白花花的纹银，70两银子一下子就打动了王道士的心。

王圆箓大约是有了很多跟外国人打交道的经验，默许华尔纳可以从墙上剥离下壁画并带走。为了让华尔纳不对色彩鲜艳的新塑像有兴趣，王道士允许他可以带走一尊老旧的、失去光泽的、一只腿跪着的三尺高的塑像。自认为很懂的王圆箓甚至向华尔纳建议，为了减少来回搬运的麻烦，华尔纳可以从敦煌县城里的一位雕塑家那里订购一尊塑像或者等回到北京后再定做一尊。华尔纳原本认为很困难的事，王道士竟如此轻易地许可了，这让华尔纳感到意外的高兴。华尔纳是很清楚地知道自己会干些什么的那种人。对他来说，干一票，即便把性命留在这，都是活着;不干的话，余生也就白活。

他马上按照计划对千年壁画展开了残忍的剥离。他用来剥离壁画的是一种事先配制好的特殊的化学溶液，先用它把纱布贴在画上，然后把画割取下来，将来再将纱布揭下。据说，这样做可以不伤害壁画表面。然而当时正值隆冬，敦煌当地的气温已经降到零度以下。当固定剂刚刚刷在壁画上，还没有渗进灰泥就已经结成固体了，浸透着胶水的纱布还未粘附在壁画上，就已经冻硬了。经过5天的盗剥，华尔纳最终剥下了12件壁画，最后一件破碎，剩下的11件现存于美国。对此华尔纳非常得意，认为剥离得如此漂亮的壁画肯定会引起其他人的嫉妒。

除了壁画，华尔纳还盗走了两尊塑像。一尊是第361窟盛唐坐式

归途中的华尔纳

观音造像，它是莫高窟全部洞窟中盛唐造像的代表作；另一尊是第328窟的供养菩萨造像，高120厘米，是洞窟群中造型最优美的一个。

1924年4月，华尔纳经兰州、北京，然后满载珍宝返回了美国。在回国之后的记录里，他还大言不惭地说自己没有触动那些6世纪的作品，也没有剥取唐代最杰出的作品，他选择的只是保存状况非常不好的唐代作品。他说整整五天，从早晨到夜晚他一直在艰苦地工作，而在这五个晚上，他自己又为自己的所作所为深深地自责。虽然会产生自责，但他觉得他必须从当地人的铁锹和无知的洞窟彩绘工的画笔下“拯救”这一点点的珍宝，这一切又都让他心里热乎乎的。真是让人无语的行径！当我们今天走进洞窟的时候，当我们看到墙壁上那突兀的一块块空白时，你能相信这样的鬼话吗？

华尔纳因这一次盗劫大大提升了哈佛大学福格艺术博物馆和他本

被华尔纳盗走、现存于哈佛大学福格艺术博物馆的敦煌彩塑

被华尔纳破坏的敦煌莫高窟第323窟壁画

人的名望，珍贵的壁画和精美的塑像为美国带来荣耀和骄傲，留给中国的却是阵阵的心痛，尤其是遗留在墙面上的膏药一样的疤痕，时时提醒着中国人的自尊和自信。

贪婪的华尔纳再次来临

华尔纳的第一次考察在美国获得了极大的成功。令人恐怖的是，华尔纳一直没有停止思考，虽然已经有了成功剥离并保存精美壁画的方法，但是这些方法对付在石崖上开凿的洞窟却并非易事。将墙皮撬下来的方法剥离的画片不够大，无法保全重要的人像及其细节；有一种新技术成功的概率似乎只有百分之一，但一旦成功，那将是一个典范。

他认为，哈佛大学应当再次派人前去考察，考察队必须装备齐全，配备有足够的照相机和所用的照明电池，还要多派些助手……

为了扩大特殊收藏品的数量，贪婪的美国人迅速地组建了规模更大的第二次考察。这一次华尔纳的任务是要将敦煌莫高窟第 285 窟（西魏）的壁画全部剥离运回美国。为了这次剥离工作更加快捷有效，他扩充了自己的考察队伍，增加了配制特别“胶水”的年轻壁画专家——丹尼尔·汤普森。为避免固定剂再次发生冻结，他把这次考察安排在春天进行。

1925 年年初，华尔纳一行再次来到北京。

到达北京后，为了完成哈佛大学在北京建立中国文化高级研究中心的使命，华尔纳决定由参与过第一次考察的翟荫带队先行前往敦煌，他留在北京与北京大学接洽中美合作的工作。

陈万里在赴敦煌途中

为了使考察更加方便，在与北京大学的工作谈判中，他邀请北京大学研究所国学门派人参加他的考察队，一起赴敦煌考察。北京大学研究所国学门对此事非常谨慎，一方面不想失掉合作的机会，另一方面也算是北京大学首次派人员对中国西北进行学术考察。最终，北京大学派遣爱好美术的陈万里作为代表一同前往，并交代陈万里在途中密切注意华尔纳的行动。

这个队伍的最终成员有华尔纳、翟荫、丹尼尔·汤普森（负责剥离壁画）、阿兰·普列斯特、霍拉斯·史汀生（负责测量）和查理德·斯达尔（负责摄影）以及北京大学的陈万里和第一次考察时的翻译王近仁。

在离开北京前，华尔纳又吸收了一名考察队的临时队员——阿兰·克拉克，由他负责临摹敦煌壁画中难以拍照的大型《净土变》。

5月1日，翟荫先行带队到达酒泉。陈万里前去拜访镇守使吴景山（改约次日）、酒泉县陈知事和安肃道尹祁瑞亭。

5月2日上午八时，陈万里与吴镇守见面，了解到镇、道两署曾派专员驰赴敦煌。十二时，翟荫与王近仁外出归来，说已经去单独拜见了吴镇守，商量剥离敦煌壁画的事，但是未被吴镇守许可。

5月8日，雇车前往敦煌。

5月9日，宿惠回驿，见玉门县派马警在此地已等候七日，于次日先回玉门。

5月10日，翟荫在肃州新雇一周姓木匠，此人前年曾跟随华尔纳、翟荫在肃州北黑城子及敦煌佣工，并于此日告诉陈万里说，之前华尔纳在敦煌千佛洞逗留了七日，给了道士70两银子作为布施，华尔纳使用洋布和树胶粘去壁画20余幅。

5月18日七时，翟荫率领考察团到达疙瘩井，此处距离敦煌仅有70里。但当日九时，有统领来与翟荫谈话约一小时。翟荫计划到达敦煌后，与王近仁二人轻装返回肃州阻止华尔纳前往敦煌，因为华尔纳之前剥离千佛洞壁画后，民众反感，以恐再生周折。当日，夜宿敦煌东关。

5 月 19 日，考察团的翟荫等人就前往敦煌政府接洽相关事宜，当日下午敦煌各界代表七八人参加了县署会议。此时，由于敦煌民众爱国热潮的高涨以及陈万里及敦煌地方官员的努力，华尔纳原拟在千佛洞停留半年的计划，因为他第一次剥离、破坏、盗窃敦煌壁画而未被地方当局同意。官方对华尔纳的考察团作了如下规定：第一，华尔纳及所谓“考察团”的成员不准留宿千佛洞；第二，所谓“考察团”的成员去参观千佛洞时，必须受民众的监视，并必须当日返城；第三，不准触毁壁画及其他一切文物。考察团每天往返莫高窟，在路上就要花大半天的时间，再加上自发监督的百姓很多，考察团根本找不到机会下手剥离壁画，于是从 5 月 21 日至 23 日在千佛洞参观了三天，就灰溜溜地撤回了。

5 月 24 日是农历闰四月初三，这一天他们就不再去莫高窟进行所谓的参观活动了，但是醒悟过来的敦煌民众硬是在莫高窟外又守护了 20 天以上。在莫高窟第 365 窟外有这样一条具有历史意味的题记，加上标点以后我们可以准确无误地读出来：“余关内靖远人，昨年随陆

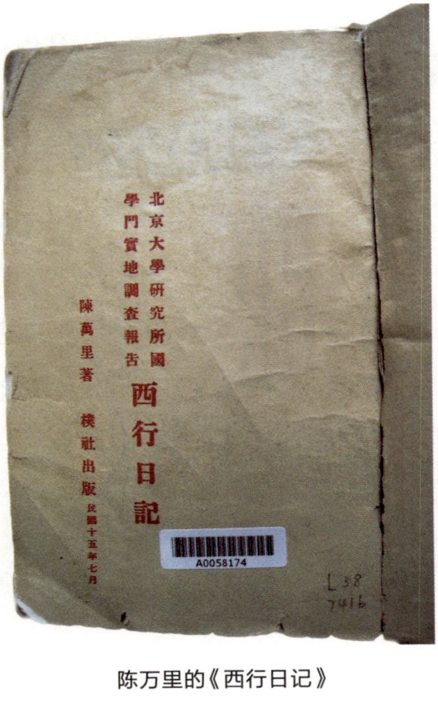

陈万里的《西行日记》

君警佐来敦，今携王什长警兵等住此，预防美国技师等，恐偷诸洞壁之画。余闲住无聊，持笔登楼，偶涂于三层楼之中间，民国十四年闰四月廿二日弟子朱铭牖涂”。这条题记清楚地记录着一位驻守莫高窟的警察随同队伍驻守莫高窟，预防美国人偷盗壁画，而落款的时间是美国人走后 20 天左右，这一次我们可以看到清醒的中国人是多么坚定地守护着敦煌壁画了。

另外一边呢，6 月 1 日，华尔纳与考察队伍会合。华尔纳还不死心，又想去距离不远的榆林窟考察。于是 6 月 2 日向官方提出一个月的榆林窟考察计划，未被同意，官方只同意先去一个星期，如果一个星期后还有摄影需要再另行磋商。正在这时国内局势进一步恶化，“五卅运动”掀起了反帝的高潮，为了保证队友的安全，华尔纳不得不提前解散了考察团，最终于 1925 年 8 月回到哈佛大学。

华尔纳不得不承认，第二次中国考察在某种意义上是一种惨败。在记录中，他说无法想象在短短的数月中，整个中华民族会令人吃惊地从倦睡中苏醒，让所有的外国人溜回本国的使馆去。这种惨败是觉醒的中国人民给予外国侵略者的猛烈一击，是逆来顺受的中国人民首次发出自己的声音表达自己的意见，中国人民从沉睡中醒来，打了一个哈欠，把洋鬼子们都吓回了老家。中国历史从这时起，掀开了新的一页。

敦煌艺术的守望相传

亲爱的同学们，故事讲到这里，敦煌藏经洞已经没有藏经了。虽然没有了藏经，但是敦煌却成了大家争相前往的圣地，人们都想要去一睹藏经洞的真容。另外，敦煌还有重要的东西在吸引着大家，那就是我们今天能看到的敦煌壁画和彩塑。

我们之前讲过，学术界原先是不知道敦煌的，直到伯希和把敦煌藏经的事情告诉了中国学术界，但是到这个时候中国的学术界还不了解敦煌的壁画。

直到 1935 年前后，敦煌壁画才广为学术界人士所知。比如我们的敦煌守护神常书鸿先生千里迢迢跑到法国去学习艺术，1935 年，他在塞纳河畔的旧书摊上第一次看到了伯希和的《敦煌石窟图录》，里面是 300 多幅敦煌莫高窟壁画和塑像图片。这些图片是伯希和从中国敦煌石窟中拍摄的，是 4 世纪到 14 世纪前后 1000 年中的创作，常书鸿大为震惊——中国西部还有这样顶尖的艺术瑰宝？！于是开启了常先生到敦煌去的人生新篇章。

同样的，还有我们都知道的中国著名画家张大千先生，可以说是将敦煌壁画推广到全国的第一人了。张大千先生从 1920 年前后真正拜师学习书画艺术，在当时非常有名的两位老师处学习，从两位老师那里听说敦煌有壁画的事情，这才引起了张大千的好奇。

散尽千金绘画敦煌

大家都知道，敦煌被誉为墙壁上的博物馆，总共有 5 万多平方米的壁画，是世界上现存规模最大、内容最丰富的佛教艺术宝库，非常值得一看，如今大家到敦煌旅游就是去一睹敦煌壁画的风采。在 20 世纪就有一位画家倾其所有带着家人到敦煌去，前后居住了三年的时间，花费了据说有 500 支金条之巨，临摹了 200 多幅壁画，为敦煌研究留下了宝贵的第一手资料。这位画家就是张大千。张大千在 1956 年的时候，去法国与著名绘画大师毕加索见面，当时的西方报纸上评价他们的见面是“艺术界的高峰会议”“艺术史上值得纪念的年代”。1958 年，张大千获得了美国纽约现代美术博物会金奖。在这次会议上，他被公选为当代世界第一大画家。由此可见，他在绘画方面的成就是非常大的。我国的知名画家徐悲鸿曾经赞誉他是“五百年来第一人”。接下来，我们就要说说张大千和敦煌的故事了。

张大千，出生于 1899 年，原名正权，单名爰，字季爰，号大千，别号大千居士。这个号是怎么来的呢？那就要从 1919 年夏天说起了。这一年，他刚刚 20 岁，在上海拜了著名的大书法家曾农髯为师学习书法，谁知没过多久，就得到消息说，他青梅竹马的未婚妻因病去世了，沉痛万分的张正权就在上海的一家寺院里面出家当了和尚，寺院里的

张大千

住持法师给他起了一个法名，就叫作“大千”。这个法名是来自于佛经当中的“三千大千世界”之大千，大千世界包罗万象，又很宏大，这就开启了他跟佛教的缘分。后来，他还把自己在台湾的住处命名为“摩耶精舍”，也是有着佛教意味的。当年，当了和尚之后，如果不受戒，就只能是小沙弥，还不算是真正的和尚。他时刻准备着要受戒成为真正的和尚，可是受戒就要在头上烧九个戒疤，这是他不愿意的，于是，在正式受戒的前一天晚上，他从寺院里面跑走了。就在他四处寻找落脚之处的时候，他的家人听说他入寺当了和尚就派了他的二哥去寻找他。最终，他被他的二哥拉回了家。回到家之后，他听从了家人的意见跟另外一个女子结婚，但是同时他也提出了自己的两个条件，一是保持大千的字号不变，以纪念这一段出家当和尚的日子，第二个要求就是要继续学习绘画，他的家人都同意了。

为什么是继续学习绘画？这完全跟他的家庭环境有关。张大千的家居住在四川内江，他的祖上曾在内江当过官，是比较富裕的，可是到了他的父亲这一代经商失败，他家逐渐地破败下来了。家里面没有了资本，又没有其他的长处，他的父亲只好干一点儿收卖破烂的营生，但还不足以养家。家里的主要收入是靠他的母亲来赚取的。他的母亲来自内江的一个望族，知书达理，善书画，尤其擅长白描和工笔花鸟等。他的父亲经商失败之后，母亲就靠绘画和替人刺绣来维持全家人的生计。母亲绘画功底非常深厚，画出的工笔花鸟好看又活泼，深受大家的喜爱，为家庭赚来了生活费。在家庭的影响下，幼小的张正权看到母亲日夜画画非常辛苦，于是学着画画，希望能学会了帮助母亲减轻负担。从此他就走上了学画的道路，并奠定了最初的画画基础。

结婚之后，张大千继续回到上海，跟着两位老师正式地开始学习书画。在两位老师那里，他听说了敦煌有壁画的事情，但是谁都没有见过，也就是说说而已。

1937 年 7 月 7 日，日本人进攻北平卢沟桥，那时正在上海的张大千匆匆返回北平保护家人和他收藏的书画作品。他在颐和园里目睹了日本军队的暴行，心中充满了对日本人的愤怒之情，并亲自前往日本宪兵队作证证实日军的残暴行为。1938 年，文化机关的特务头子找到张大千，劝他把自己珍藏多年的古代名家书画作品全部自愿捐献给日伪政府，这下更让张大千看清楚了日本人的丑恶嘴脸。为了对抗日本人的狼子野心，张大千借助朋友的力量取道香港，最后回到了自己的老家四川。

在四川，他见到两位曾在国民政府监察院工作的朋友，这两位以前有段时间被派到兰州的陕甘宁青新五省监察署工作，他们都曾到过敦煌看到过壁画。当两位朋友向他绘声绘色地描绘了莫高窟的盛况后，张大千的心早已飞去了敦煌。于是他开始着手他的敦煌之行。要出门，第一件事情就要凑够盘缠，于是张大千就在家里没日没夜地画画，希望通过卖画的方式赚够盘缠。但是很不凑巧，日本人在 1938 年 10 月占领武汉之后，开始了对中国西南地区密集的轰炸。成都上空轰炸不断，居民的生命财产安全受到了极大的损失和威胁。这使得张大千不得不一再取消画展，他赴敦煌的打算也不得不推迟。

正在这时，张大千想要到敦煌去但是没有盘缠的消息不胫而走。一位国民党的官员找到他，说可以赞助他赴敦煌的所有费用，只有一个条件，那就是可以优先购买他在敦煌绘制的所有作品。张大千一口就回绝了。因为他觉得这个官员想用这种办法把他的画全都给包下来，这使他的作品遭到了玷污。他不为五斗米折腰的事情被朋友们知道了，朋友们都盛传说张大千的骨头硬得很，他是一个有骨气的书画家。

到了 1939 年，日本人以密集的空中军事力量对中国的陪都重庆和周边的成都进行了疯狂的轰炸。整个四川被日本飞机连番轰炸，给四川人民的生命和财产造成了不可挽回的损失。但是在这种情况之下，张大千并没有气馁，他仍然想方设法地想要筹集资金到敦煌去。1940 年 10 月，他们一行人从成都出发前往敦煌。谁知刚刚走到川北的广元，就收到了一封特急电报，信上说，和他关系非常好的二哥在重庆病逝了。于是他的第一次敦煌之行就在还未走出四川时中途停止了。他快速返回重庆，料理二哥的丧事。在这期间，他的大儿子张心亮也去世了。虽然经历了失去兄长和儿子的沉痛打击，但他要赴敦煌的心仍未动摇。

1941 年 5 月，张大千偕同他的妻子杨宛君、次子张心智又毅然决然地踏上了去往敦煌的旅程。这一次，为了节省时间，他们一家人是从重庆坐小飞机飞到兰州的。到兰州后，因为要等待他的朋友前来会合，于是张大千就先去了青海塔尔寺参观游览。在塔尔寺，他看到了寺中的壁画、堆绣，还有酥油花等传统艺术。等到朋友孙宗慰后，他们一行人一起坐着卡车，沿着正在修建的兰新公路，一路颠簸着，向敦煌走去。走在路上，张大千对儿子张心智说："前人说过这样一句话，'出了嘉峪关，两眼泪不干，前看戈壁滩，后望鬼门关'，可是你知道我为什么一定要到敦煌来吗？我就是为了像《西游记》里的唐僧那样去西天求取真经，取那艺术上的真经啊！"

当走到安西县的境内，张大千听说当地有一座榆林窟，于是就去参观。他来到榆林窟后，发现这里非常荒凉，到处都是破败不堪、灰蒙蒙的景象，但当他走进洞窟时，眼前却突然一亮，四周都是古代的壁画和彩塑，在这灰暗的世界里熠熠生辉，于是他赶紧掏出笔记本，把这些都迅速地记在本子上。他一下子觉得即使只看到榆林窟里的这些壁画，这一回也是来值了。回到住处之后，张大千兴奋不已，他马上把榆林窟的那些壁画背临下来。他们在榆林窟一共停留了五天时间，然后继续从安西出发前往敦煌。

1941 年的夏天，张大千终于到达了敦煌莫高窟。他们到达莫高窟的时候天色已经不早了，但是他实在太兴奋了，放下行李，打着手电，举起灯笼就赶紧到洞窟里去参观。一进洞窟，他一下子就惊呆了，在灯光的照映下，古代的壁画人物缓缓地在他的眼前接连展开，仿佛不断地从壁画中向他走来一样。人物笑着、跳着或者静默地站着。他们一个个出现在张大千的眼前，也进入到他的心里。他睁大了双眼，应接不暇地看呀看，这一看就是整整一个晚上，到快天亮的时候，才依依不舍地离开洞窟去做短暂的休息。躺在床上后，他仍然意犹未尽地说:“哇，敦煌莫高窟真是一个大宝库呀！这么多美丽的壁画，这么多绚丽的色彩，真是让我大饱眼福呀！原本我只打算在这里考察三个月的，现在看来，我们一定要多待一段时间才行，一定要看够了再走。”

就这样，张大千在敦煌停留的时间由最初计划的三个月变成了更长的时间。后来他在敦煌前前后后一共待了三年之久，成为当时在敦煌停留时间最长的一位画家。由于风沙很大，底层的洞窟都早已堆满了沙子，没有办法进入。于是起初那几个月，张大千和他的随行者们一方面清理洞窟中的流沙，让底层的洞窟和壁画全都显露出来，另一方面，张大千还为敦煌莫高窟的洞窟进行了编号。他编号的原则是，里面有壁画和彩塑的一个大门编一个号，大窟之内的小窟作为大窟的附窟不再单独编号。他先在纸上进行初编，从莫高窟南边最底层的洞窟开始，由南至北依次编号，编完第一层，由北向南往回折，继续编号，编完第二层，再由南向北编号，编完第三层。就这样形成了一个由下而上呈“S”形的编号。之后他在每个洞窟外面写上编号，今天我们仍然可以在某些洞窟外面看到张大千写的编号。他一共编了 309 个号码，他说有了这些编号，如果要去敦煌莫高窟游览的话，只要顺着他的编号走，就一定不会走冤枉路，可以在一天之内走马观花地游览完 309 个洞窟。

随着工作的不断深入，时间来到了 1941 年的冬天。敦煌已经入冬了，下着雪，没有办法再临摹了，于是张大千一行人在 1941 年年底来到了青海西宁。他这次来西宁，除了过冬之外，还有另外两个目的，一是根据经验，他发现仅他们这一行人来敦煌临摹壁画是完全不够的，还需要请一些藏族的喇嘛画师去协助他们；二是他们带的纸张不够、纸张的画幅也不够，无法临摹一些大型的壁画，他需要卓有经验的藏族画师为他连接画布。在朋友的帮助之下，张大千在西宁聘请了五位藏族喇嘛画师，在兰州购买了需要的画材，又电报邀请四川的朋友前来协助临摹。于是到 1942 年 5 月，壮大了队伍的一行人再次来到敦煌莫高窟开展临摹工作。这次他的人手多了很多，从此莫高窟人来人往十分热闹。张大千把这些人分成了各个小组，各有分工，相互配合进行壁画的临摹工作。临摹壁画是很困难的，要完全忠实于原作，那就必须要贴近去看，有的时候要搭架子站在架子上抬着头和手臂去观察、去绘制，有的时候又要趴到地面上观察，观察一笔，然后再画出一笔来，非常辛苦。一天下来，临摹者们都肌肉麻木，头昏脑涨。即使这样，大家仍然兴致高昂地开展着临摹工作。

莫高窟的生活并不太平，除了临摹，他们还要躲避土匪的打劫。有一次土匪来打劫，他们藏在高处的洞窟中，看着土匪在底下胡乱翻检、搜刮财物，却连大气都不敢出。等到晚上土匪走了，他们下到莫高窟的住处时，发现贵重的衣服、食物都被抢走了……但是让张大千非常欣慰的是，他们临摹的壁画一张不少，这让他长长地松了一口气。临摹成果的保存就是最大的财富。

这一次，张大千一行人在敦煌莫高窟一直工作到 1943 年，原本是计划继续临摹的，谁知甘肃省主席给他发来了一封电报，电报中说张大千等人久留敦煌，中央各方颇有烦言，因此转告张大千一定要保护壁画，切莫污损，免遭误会等。张大千看到这封电报就知道了，这不是一封简单的电报，这实际是一封逐客令。于是张大千带着他们在敦煌临摹的 276 幅壁画，带着他的门人们一步三回头地，于 1943 年 6

月离开了敦煌。至此，张大千的敦煌之行宣告结束。这也是我们今天发现他的一部分敦煌临摹作品尚未上色或尚未完成的主要原因。

1943 年 8 月，张大千一行人返回兰州。在兰州进行了敦煌壁画的第一次展览，在发行量最大的《西北日报》上由本省的五位主要官员联名推广，吸引了大批观众前来参观。这次展览，一共展出了张大千的画作 31 幅和他在敦煌临摹的壁画 21 幅。展览非常成功，参观者达到了一万人以上，在兰州引起了轰动，开幕当日他的很多画作就被抢购一空了。人们纷纷说，张先生临摹的壁画只要肯卖，无论多少钱，他们都要买的。但是都遭到了张大千的拒绝，因为他已经暗暗地下了决心，这些东西将来全部都要捐给国家。这次在兰州的展览也是张大千临摹敦煌壁画在国内的首次展出，他用鲜活的形象展示了敦煌壁画的魅力，让正在灾难中的中国人民上下振奋，迸发出由衷的喜悦和兴奋。当时的《西北日报》还满怀深情地说："这 21 幅临摹壁画的宣传力要比成千上万的宣传文字有效得多。从此以后，中国的这个国宝再也不会轻易地被人损毁了。"

从兰州回到四川之后，1944 年元月，张大千在成都又举办了声势浩大的临摹敦煌壁画展览，同样取得了巨大的成功。这一次展出的临摹壁画共有 44 幅，临摹自敦煌的有 33 幅，临摹自榆林窟的有 11 幅，还展出了他拍摄后放大成巨型的敦煌照片 20 幅，真实清楚地反映了敦煌艺术的壮丽。这次画展原本只展出七天，但是由于从各地专程赶来参观展览的人络绎不绝，画展不得不延期结束。这一次的画展在当时的成都成了一个重要的艺术事件和新闻焦点。

1944 年 5 月，由教育部主办的张大千临抚敦煌壁画展览在重庆上清寺中央图书馆隆重开幕，展览期间每天都是车水马龙，前来参观者更是接踵摩肩，十分拥挤。有句话说“山城人人仰上清，满市议论说敦煌”就反映了当时的盛况。每天在售票处的门口都排着弯弯曲曲的长龙，人们争相一睹敦煌的盛景。成都、重庆的展出之后，引起了社会各界对于敦煌的关注，国人从此知道了敦煌，了解了敦煌艺术，也进一步促进了国立敦煌艺术研究所的成立。无数的青年学子、美术工作者、历史学者纷纷奔赴敦煌去瞻仰、学习和研究敦煌艺术。这些后来者包括常书鸿、段文杰等敦煌保护大师。

熬尽青春守护敦煌

“敦煌守护神”常书鸿

常书鸿，满族，1904 年生于杭州一个驻防旗兵的骑尉之家。他自幼学画，8 岁入书院读书，高小毕业后入浙江甲种工业学校，学习与绘画有关的染织专业。1923 年，常书鸿毕业留校任美术教员。1927 年，赴法国里昂国立美术专科学校学习油画。1932 年，入巴黎高等美术学院，后因作品一再获金奖和银奖而被选为巴黎美术家协会会员，是法国全国肖像协会会员，他的作品还被法国的美术馆收藏。

1935 年，他在塞纳河畔的旧书摊上第一次看到了伯希和的《敦煌石窟图录》，里面是 300 多幅敦煌莫高窟壁画和塑像图片。这些图片是伯希和从中国敦煌石窟中拍摄的，是 4 世纪到 14 世纪前后 1000 年中的创作。常书鸿大为震惊——中国西部还有这样顶尖的艺术瑰宝？！那个书摊主见他震惊的样子，告诉他，还有许多敦煌壁画、绢画的资料都存在吉美博物馆。他听后，马上跑到那里去观看……看了这些图片和文字介绍后，他凭着自己的艺术造诣和艺术家的敏感，在内心判定：敦煌石窟艺术，无论在时代上或在艺术表现技法上，都显出隽永先进的技术水平，是中西方佛教文化艺术的结晶，“是不可思议的奇迹”。他在博物馆里看到了敦煌绢画，让他为敦煌艺术的高度成就而感叹，感到“十分惊异，令人不敢相信”。他想既然祖国有如此悠久的历史文化，真让专门出国学画的人感到惭愧，不知如何忏悔才好，因此决定尽快回国，想要亲眼看看祖国美妙的绘画艺术。

半年后，常书鸿回到北平，被聘为国立北平艺术专科学校造型艺术部主任、教授。在一次学人聚会的场合，常书鸿第一次与梁思成见面，从此成了终生好友。他们谈到了敦煌，两个人都兴奋不已。其时，国内学术界、文化界对于保护敦煌遗产的呼声越来越高。1942 年，在一些爱国人士的呼吁下，国民党政府责令教育部筹备成立国立敦煌艺术研究所。1942 年秋的一天，梁思成来找常书鸿，问他愿不愿意担任拟议中的敦煌艺术研究所的工作。“到敦煌去”，这正是常书鸿多年来梦寐以求的愿望，他略加思索之后便毅然承担了这一工作。原来，当时的国民政府监察院院长于右任从西北考察回来后提出了建立敦煌艺术研究所的提案，并获得通过。梁思成得知这个消息后，来探常书鸿的口风，并向于右任力荐常书鸿担任所长。常书鸿遂被任命为筹备委员会的副主任委员。

常书鸿

因为主任委员由西北五省监察使高一涵兼任，但这不过是个名义，所以事实上的负责人是常书鸿。从此，常书鸿开始了他自认为终生无悔的敦煌事业。1943年，常书鸿离开重庆时，梁思成送给他四个字："破釜沉舟！"徐悲鸿在常先生为筹集研究所经费而举办的个人画展上送给他一句话："要学习玄奘苦行的精神，抱定'不入虎穴，焉得虎子'的决心。"

渴盼已久的献身敦煌事业这一愿望即将实现，使得常书鸿十分兴奋，然而，西去敦煌数千公里，没有足够的经费，根本无法实现。为了筹集资金，他拿出多年创作的油画，举办个人画展，卖画自筹经费。1943年初，他告别妻女，告别繁华的城市，乘飞机飞到兰州，而后乘坐敞篷卡车，迎着西北刺骨的寒风和飞雪，行程1000多公里来到敦煌。经过一个多月的艰难跋涉，他与聘请的刘荣增、辛普德等人，终于见到了梦寐以求的深

20世纪40年代莫高窟外景

藏在沙漠中的石室宝藏。1944年2月，国立敦煌艺术研究所在莫高窟成立，常书鸿被任命为第一任所长。常书鸿还将妻女接到了莫高窟，开始了“无期徒刑”式的精神追求和工作。他在恶劣环境下，组织人力整理修复洞窟，临摹壁画。没有经费，他一面动员同事节食缩衣，一面靠为人画像创收和向内地呼吁捐款过日子，同时把自己的临摹画和油画拿出来展览出卖，筹措资金，使自己在远离人群的空寂沟谷里坚持了下来。随着敦煌艺术研究所工作的逐步开展，常书鸿先后又从重庆、成都等地聘请了史岩、李浴、董希文、张琳英、邵芳、龚祥礼、赵冠州、乌密风、周绍淼、潘絜兹、苏莹辉等一批专家。当时正是抗日战争时期，大伙儿怀着朝圣似的虔诚和对艺术的热爱，先后来到莫高窟，住在破庙马厩里，在洞窟上开始了清沙、临摹、测绘、摄影、内容调查和题记抄录等方面的保护和研究工作。

初到敦煌时，石窟的惨象令常书鸿倍感辛酸:许多洞窟已被曾住在里面烧火做饭的白俄军队熏成漆黑一片，一些珍贵壁画被华尔纳用胶布粘走，个别彩塑也被偷去;大多数洞窟的侧壁被王道士随意打穿，以便在窟间穿行;许多洞窟的前室都已坍塌;几乎全部栈道都已毁损，多数洞窟无法登临。虽赖气候干燥，壁画幸而仍存，但冬天崖顶积雪，春天融化后沿着崖顶裂隙渗下，使壁画底层受潮，发生空鼓、酥碱现象。窟前绿洲上放牧着牛羊，林木岌岌可危，从鸣沙山吹来的流沙就像细细的水柱甚至瀑布一样，从崖顶流下，堆积到洞窟里，几十年来无人清理。总之，莫高窟无人管理，处在大自然和人为的双重破坏之中。

面对这种情况，常书鸿感到自己肩上的任务沉重而艰巨。他暂时放弃了画画，义无反顾地干起了既非艺术又非研究的石窟管理员工作。

常书鸿油画《修建九层楼》

首先要做的是修建一道围墙，把绿洲围起来，禁止人们随便进入、破坏林木和进出洞窟。没有经费来源，常书鸿不断地给国民政府打报告，可是半年过去了，经费仍毫无音信。常书鸿只好给梁思成发去电报，请他代为交涉。第三天就接到回电，告知“接电后，即去教育部查询，他们把责任推给财政部，经财政部查明，并无国立敦煌艺术研究所的预算，只有一个国立东方艺术研究所，因不知所在，无从汇款。”显然，是财政部的官员不知道“敦煌”为何物，把它误为“东方”了。经过梁思成的奔走，经费终于汇出。梁思成还鼓励常书鸿继续奋斗，坚守敦煌。这对于工作人员情绪的稳定，起了很大作用。

洞窟里面的沙子大约有 10 万立方米，如要清扫，按照当时的工价，需要 300 万元，但所里剩下的经费只有 5 万元了，幸而有当地驻军义务参加清运，才把这么多的沙子清除了，用驴车拉到远处。

他们在崖顶有裂隙的地方抹上了泥皮和石灰，防止雪水继续渗入。他们还尽可能地修补那些已残破不堪的残余栈道，以便研究人员可以进入洞窟，开始了洞窟的编号和普查，逐渐开展了重点壁画的临摹。但多数洞窟当时还上不去，他们就使用一种相当危险的名为“蜈蚣梯”的独木梯。在调查南部位于高处的一座晚唐洞窟第 196 窟时，常书鸿与潘絜兹、董希文和工人窦占彪上去工作，蜈蚣梯却不知什么时候翻倒了，他们上不着天，下不着地，被困在距地面近 30 米高的洞窟中。他们试图沿着七八十度的陡崖往上爬上崖顶，却险些摔下山崖。后来还是窦占彪一个人先爬了上去，再用绳子把他们一个个吊上去，才脱离险境。

同时，通过敦煌县政府联合发出布告，宣布莫高窟正式收归国家

常书鸿故居

所有，禁止放牧和私人进入，并在洞窟周围修起长达千余米的围栏墙，防止牲畜随意进入啃食树木。为阻止来往于此地的淘金人、牧民和游客在洞窟里住宿、生火做饭等损害文物的行为，还与敦煌县政府商议动员民工100多人，自带粮食和烧柴，吃住在莫高窟，经过50多天的辛苦施工，修筑起“莫高窟的万里长城”——一道长达千米的土坯防沙墙，有效地防止了流沙四处蔓延。这道防沙墙直到新中国成立后很长时间还矗立在风沙口上，起着很大的防风防流沙作用。

敦煌的生活是异常艰辛的，连最基本的生活物资都时常得不到保障。因久居法国，常书鸿特别喜欢喝咖啡，甚至将从法国带回国的咖啡壶也带到敦煌去了，可是他只能喝又苦又咸的咖啡，因为没有糖，而水却是咸的。不用放盐，熬的粥也是咸的。尤其是夏天，下午的溪水经过一上午阳光暴晒，盐分更大。那时敦煌的老百姓先要解决主粮的生产，很少种植蔬菜，成年都是吃咸韭菜。常书鸿一行初到敦煌的时候，刚好闹过一场马步芳部队四乡抓壮丁的动乱，街上的铺面都关门了，他们在敦煌县城的第一顿饭就是面条拌盐和醋，加上一些咸菜。水质不但含盐，含碱量也很大，醋是每天不能少的。

肉要从城里买来，来回 50 多公里，牛车要走 12 个小时，加上戈壁滩上太阳一晒，肉往往也就臭了，豆腐也酸了，所以只能在冬天把肉腌起来做好准备。

因为缺乏燃料，要从好几十里以外的戈壁滩上挖取一种叫作“梭梭”的枯死灌木树根来烧，所以烧火一次，就要蒸够吃半个月的馒头。新蒸的馒头一出笼，立刻铺在笸箩里放到房顶上让太阳暴晒，干透了可以保存两三个月。大米是从内地运来的，很少。连“洋火”也是从内地

常书鸿在莫高窟中寺办公室

运来的，据说当时一盒“洋火”可以换到一斗麦子。由于口粮不充裕，除了农忙以外，一般的日子里一天只吃两餐。

宿舍和办公室是小庙的土屋和由马棚改造的房子，土炕、土桌子、土沙发和土书架是最常见的家具。

刚来时，常书鸿的主要交通工具就是牛车，后来有了两头驴，可供人骑。再后来敦煌县政府破获了一起贩毒案，没收了犯人的一匹马，送给了常书鸿。

1945 年 8 月，国民党政府撤销了国立敦煌艺术研究所，研究所的学者、画家相继离开莫高窟返回家乡，临摹的壁画留下不多，3000 多幅照片底片也被人席卷而去，这时的常书鸿不得不走了。他找来两头毛驴，分别驮上简单的行李家当和儿女，恋恋不舍地离开了莫高窟，离开了敦煌，回到了重庆。临别时，常书鸿回头望着空荡荡的莫高窟流泪了，心里发誓说:“我一定要回来！”

1946 年，经常书鸿、傅斯年、向达、夏鼐等学者奔走呼吁，敦煌艺术研究所得以恢复，隶属中央研究院。一辆 10 轮美制军用大卡车，满载着新招收的人员、图书资料、器材设备和新的希望，驶向敦煌。

常书鸿重返了敦煌莫高窟，又一次实现了自己的愿望。来时，研究所从重庆、成都、兰州招聘了郭世清、刘缦云、凌春德、段文杰、范文藻、霍熙亮等一批美术人员。第二年，又从成都来了黄文馥、欧阳琳、李承仙、薛德嘉、肖克俭等。第三年，史苇湘也来了。

大批年轻人的到来，使莫高窟充满了生机。他们在常书鸿的带领下，给莫高窟洞窟重新编号，大规模进行壁画临摹。到 1948 年初，他们完成了《历代壁画代表作选》《历代藻井图案选》《历代佛光图案选》

常书鸿重返莫高窟

《历代莲座图案选》《历代服饰选》以及《宋代佛教故事画选》等十几个专题的编选工作，共选绘壁画临摹本800多幅。

1948年8月，常书鸿带着精选的500余幅临摹壁画，在南京国立中央研究院举办了“敦煌艺术展览”。各国驻华使节也都观看了展览。积极支持展览的教育部部长朱家骅，亲自撰写了《敦煌展览与中国文艺复兴》一文。

1949年9月，敦煌解放前夕，国民党地方军政要员纷纷逃跑，溃散到敦煌地区的国民党残兵游勇，伙同地方土匪流寇，曾几次洗劫莫高窟，抢劫钱财粮食。为了保护莫高窟艺术，常书鸿和大家组织起保卫小组，在重要洞窟门口垒起沙袋，利用仅有的几支步枪，随时打击来抢劫莫高窟的敌人。

9月28日，敦煌解放了。解放军某部团长遵照彭德怀“保护敦煌千佛洞”的批示，带领解放军来到莫高窟，给研究所带来粮食、肉和蔬菜，解决了因土匪流寇抢劫后，大家面临的饥饿困境。常书鸿和同事们无比激动，将红旗插在研究所房顶上，还敲响大佛殿高楼上的古钟，庆贺国家和民族艺术宝库获得新生。

1951年1月，敦煌艺术研究所更名为“敦煌文物研究所”，常书鸿被任命为所长，他不负众望，带领全所工作人员，开展文物研究和敦煌艺术保护工作。当年4月13日，在北京故宫午门城楼的历史博物馆举办了“敦煌文物展览”，后又赴印度、缅甸办展，弘扬了中国文化艺术。

20世纪60年代莫高窟危崖加固现场照片

1952 年敦煌文物研究所工作人员在莫高窟前合影

1956 年，常书鸿加入中国共产党，后兼任兰州艺术学院院长。在他的大力倡导和组织下，把敦煌艺术作为一门学科列入教学课程。1957 年，他首次前往日本举办敦煌艺术展览，有 10 万多人前去参观，创造了日本购票参观艺术展览会的最高纪录，被誉为中国的“人间国宝”。周恩来总理曾鼓励他说：“敦煌工作一辈子做不完，要世世代代做下去。”

1961 年 3 月，敦煌莫高窟成为第一批全国重点文物保护单位。第二年，敦煌文物研究所向文化部呈报了《关于加强保护莫高窟群的报告》，对洞窟开始了大规模的整修加固工作，并筹划编辑出版了 180 大本《敦煌全集》，举办了国际学术会议，以纪念莫高窟建窟 1600 周年。

1973 年，常书鸿离开敦煌莫高窟，迁居兰州。后任甘肃省文化局和甘肃省文联领导。1982 年，国家文物局调他为顾问，他举家从兰州迁往北京。他虽身居北京，却念念不忘敦煌。在他晚年时，有位日本友人曾问他:“如果来生再到人世，你将选择什么职业呢？”他回答说：“我不是佛教徒，不相信‘转世’。不过，如果真的再一次托生为人，我将还是‘常书鸿’。我要去敦煌完成那些尚未做完的工作。”

然而，1994 年 6 月，他逝世于北京，回敦煌的宏愿终未实现。但按照他生前的遗嘱，家人将骨灰送回敦煌，安葬在莫高窟宕泉河畔的黄土地上，圆了他魂牵梦绕的敦煌之梦！

段文杰守护敦煌 60 年

段文杰（1917 年 8 月 23 日—2011 年 1 月 21 日），四川省蓬溪县常乐镇人，祖籍四川绵阳丰谷镇，擅长国画。1945 年毕业于重庆国立艺专。1946 年来到敦煌莫高窟，从此扎根大漠，潜心于敦煌壁画临摹和敦煌艺术研究，历任敦煌艺术研究所美术组组长、敦煌文物研究所所长、升格扩编后的敦煌研究院院长，中国美术家协会甘肃分会副主席，第六、七届全国政协委员，著有《敦煌彩塑艺术》《敦煌壁画概述》《敦煌壁画中的衣冠服饰》等，临摹敦煌壁画 384 幅，在国内外多次展出，出版有《段文杰敦煌艺术论文集》《段文杰敦煌壁画临摹集》等。

1980 年中共甘肃省委对敦煌文物研究所进行了整顿，调整和加强了领导班子。在这次调整中，段文杰被任命为第一副所长，并实际主持敦煌文物研究所的工作。在他的主持下，组建了新的领导班子、增

段文杰

加了业务部门、扩大了编制、增加了人员，为研究院和敦煌事业的继续发展创造了良好的条件。段文杰先生按照“保护、研究、弘扬”的六字方针对研究院的工作做了全面的部署。在他的领导下，敦煌研究院开创了敦煌文物保护、研究、弘扬事业的新局面。从 1980 年任敦煌文物研究所第一副所长到 1998 年从敦煌研究院院长的领导岗位上退居二线的 18 年，既是我国敦煌学蓬勃发展的 18 年，也是敦煌研究院学术进步、走向世界、机构建设的黄金时期。正是这一代敦煌学者的努力，敦煌石窟的现代化保护迈上了新的台阶。

段文杰先生认为“保护是敦煌研究院的首要任务”，“没有保护就没有一切”。在他主持下制订了科学的保护规划，积极培养科学的技

段文杰临摹《都督夫人礼佛图》现场

术保护人才，充实科学技术保护手段，引进先进技术，开展国内外合作保护。20 世纪 80 年代，在莫高窟设置了国内最先进的全自动气象站和其他环境监测仪器，对窟区大环境和洞窟内微环境进行监测记录，通过获取的大量数据，掌握了影响文物保护的环境因素；通过风向风速的监测，针对莫高窟多风向的特点，采取了综合措施，对长期困扰莫高窟的风沙危害开展有效治理；对敦煌各石窟崖体岩石的化学成分进行了分析，对石窟崖体地层的形成和构造特征及病害的形成做了调查；对榆林窟危崖采用锚索技术和裂隙灌浆技术完成抢救性加固；对壁画和彩塑所使用的材料及其病害成因和机理做了分析研究，从而有针对性地对病害壁画和彩塑进行抢救性修复。

段文杰先生认为："保护的目的是为了应用，用就得研究，阐释文物价值、历史价值、艺术价值、科学价值等。"因而对石窟考古和石窟艺术展开了广泛而深入的研讨。

"敦煌女儿"樊锦诗

1938 年，樊锦诗出生于北平，1963 年毕业于北京大学历史系考古专业，毕业后来到敦煌文物研究所，开始了敦煌石窟考古研究的生涯。那时中国的石窟考古研究刚刚起步，对于刚毕业的她来说，无疑充满了挑战。色彩斑斓的壁画、彩塑，由佛像画、故事画、经变画等

樊锦诗

组成的恢宏的艺术世界，每天都吸引着她，使她忘却了沙漠中生活的极端艰苦。

樊锦诗于 1977 年任副所长，1984 年 8 月任敦煌研究院副院长，1998 年 4 月任敦煌研究院院长，2015 年 1 月起任敦煌研究院名誉院长。她带领科研人员，在石窟遗址的科学保护、科学管理上走出了一条切实可行的路，初步形成了一些石窟科学保护的理论与方法。她最早提出利用计算机技术实现敦煌壁画、彩塑艺术永久保存的构想。

岁月的磨砺以及西北广袤天地的锻炼，使樊锦诗的性格变得坚韧而执着。年轻时的樊锦诗是个内向沉默的人，但现在的她说话直来直去，在风沙中大声与人争论着，“很多事情逼着你，就会变得非常着急，急了以后就会跟人去争了”。她在工作中非常严厉，甚至近乎不近人情，再加上工作雷厉风行，说话直截了当，常常在不自知的情况下惹恼了别人。人都走光了的深夜，她常常独自在办公室紧锁双眉来回踱步，慢慢消化那些刺耳的话。她说:“将来我滚蛋下台的时候，大伙能说句‘这老太婆还为敦煌做了点实事’，我就满足了。”

作为一个女性，樊锦诗在敦煌莫高窟奉献了她人生的大部分时光，这不仅是一个人的工作和荣耀，也与整个家庭的支持分不开。在家里她是母亲、妻子和女儿，而在敦煌她永远都有一个身份，那就是“敦煌女儿”。为了纪念几代莫高窟人为保护莫高窟而作出的贡献，敦煌研究院塑造了一尊名为《青春》的雕塑，雕塑是一位齐耳短发、手拿草帽、肩挎背包，整装待发，浑身洋溢着青春气息的少女。《青春》雕塑的原型就是当年从北京大学毕业后直奔祖国大西北的樊锦诗。近半个世纪过去了，当年的青涩女孩如今已是满头华发，唯一不变的是报国志、赤子心、敦煌情。

2019年，樊锦诗先生获颁感动中国年度人物，颁奖词就是她一生最好的总结："舍半生，给茫茫大漠。从未名湖到莫高窟，守住前辈的火，开辟明天的路。半个世纪的风沙，不是谁都经得起吹打。一腔爱，一洞画，一场文化苦旅，从青春到白发。心归处，是敦煌。"

尾声

敦煌莫高窟藏经洞的故事讲到这里就全部结束了，同学们肯定还记得我们在一开始跟大家介绍过的《道士塔》，余秋雨先生在这篇文章里说，王圆箓是历史的罪人，他从外国冒险家手里接过极少的钱财，让他们把难以计数的敦煌文物一箱箱运走。如果他第一次盗卖文物是上当受骗，那么后来又连续5次以上在17年间继续盗卖文物，这肯定不是上当受骗。似乎罪人的名号一点都不委屈他。

其实，除了“罪人论”之外，对王圆箓还有一种评判的声音，那就是“无知论”。持这种观点的人认为王圆箓发现藏经洞后，多次向当地官员汇报，当时的政府却直到收到学部的电报才真正发挥了作用，在这期间半路出家的农民道士贱卖文物亦在情理之中。“无知论”还认为如果没有助纣为虐的中文翻译蒋孝琬，斯坦因不可能凭借自己蹩脚的中文从认死理的王圆箓处得逞；后来，斯坦因将收获的大量敦煌文物暂存安西县政府达数月之久，也无人过问。再者，伯希和携带数卷写本路过北京时，还向中国官员和学者展示，京城的名流还要卑躬屈膝地打探并请求影印，还设宴款待，中国海关也畅行无阻。这些远远超出了一个西北农民的认知。

除了以上的观点，我还想告诉你们，这些探险家们在中国西北畅通无阻其实是得到了中国政府允许的，斯坦因、伯希和、橘瑞超等人都是持有合法的中国护照在中国行走的。英国现在还存有清政府外务部为斯坦因第二次中亚考察颁发的游历护照，虽仅仅是游历护照，但是仍然无法阻止斯坦因劫掠中国文物的行径。1930 年，斯坦因亲自到中国南京办理护照，在与南京国民政府外交部部长的交谈中，斯坦因再一次使用“玄奘故事”作为开头，引出了他计划本次探险的目的。在此次会晤六天之后，在外交部官员明知道斯坦因“打算拿走东西”的企图后，仍然为斯坦因赶制了护照。橘瑞超 1908 年到中国“探险”时因为已经拿到了特别许可，所以各地政府为他的旅行提供了“无微不至”的帮助。1911 年，中国辛亥革命爆发，清廷声明对日本在西域的考察不负任何保护责任。从以上这些事实可以看出，中国政府没有守好第一道大门，才有了让我们痛心的藏经洞盗宝。王圆箓呢，他或许就是看到这些外国探险家们都有政府的护照，从而掉以轻心的。当然，只是或许。

这不禁让我想到犹太裔著名政治思想家汉娜·阿伦特提出的“平庸之恶”的观点。当时正在审判屠杀犹太人的死刑执行者阿道夫·艾希曼，当她看到艾希曼为自己申辩说自己只是杀人机器齿轮中的一环、只是在服从时，她提出了“平庸之恶”的概念，并批判说这种恶是不思考、无判断、盲目服从权威而犯下的罪恶。正如我们今天对王道士的所作所为深恶痛绝之时，却仍有“良善”人士为他开脱，正是这种行为